KB062812

동심
경영

동심경영

펴 낸 날 | 2018년 9월 21일 초판 1쇄

지 은 이 | 황인선, 스카이72 골프 앤 리조트
펴 낸 이 | 이태권

책임편집 | 이도림
표지 디자인 | 양보은
본문 디자인 | 홍경숙

펴 낸 곳 | (주)태일소담
서울특별시 성북구 성북로8길 29 (우)02834
전화 | 02-745-8566~7   팩스 | 02-747-3238
등록번호 | 1979년 11월 14일 제2-42호
e-mail | sodam@dreamsodam.co.kr
홈페이지 | www.dreamsodam.co.kr

ISBN   979-11-6027-147-8 03320

이 도서의 국립중앙도서관 출판시도서목록(CIP)은 서지정보유통지원시스템 홈페이지
(http://seoji.nl.go.kr)와 국가자료공동목록시스템(http://www.nl.go.kr/kolisnet)에서
이용하실 수 있습니다.(CIP제어번호: CIP2018029900)

• 책값은 뒤표지에 있습니다.
• 잘못된 책은 구입하신 곳에서 교환해드립니다.

한국을 깬 골프장, SKY72 이야기

동심경영

황인선, SKY72 지음

소담출판사

스카이72에는 늘 바람이 붑니다. 많은 것을 바꾼 유쾌한 바람입니다. 그 바람이 좋습니다. 마케터 출신 황인선 작가가 글을 쓰니 더 좋습니다.

● 〈공포의 외인구단〉〈버디〉의 작가, 전 스카이72 홍보대사, 세종대 만화애니메이션학과 교수 이현세

스카이72는 나에게 특별한 존재이다. 2007년 국내 최초로 공항 활주로에서 장타대회를 열었던 곳, 2016년 제 생애 최고의 은퇴 경기를 할 수 있었던 곳. 가슴 한켠에 항상 간직하고 있는 이곳을 영원히 응원한다.

● LPGA, KLPGA 명예의 전당, 2016년 여자 골프 대표팀 감독 박세리

남다른 골프장 스카이72. LPGA선수들이 1년에 한 번 방문하는 대한민국 유일의 골프장이지만 국내 선수건 외국 선수건 스카이72는 1년 365

일 투어에 참가하는 노마드족 선수들에게는 고향집 같은 곳이다. 포근함, 편안함, 즐거움, 반가움, 전쟁터 같은 투어 생활의 오아시스이다.

● LPGA 세계 랭킹 1위 박성현

끊임없는 변화와 혁신을 바탕으로 고객을 최우선으로 생각하는 스카이 72의 마케팅 전략은 골프계뿐만 아니라 대한민국 모든 기업경영의 좋은 표본이라 해도 지나침이 없을 것이다.

● SK telecom OPEN 주최 회사- SK텔레콤 스포츠마케팅 그룹장 오경식

스카이72 오션 코스애서 국내 유일의 LPGA 정규투어 대회인 KEB 하나 은행 챔피언십의 토너먼트 디렉터인 박폴입니다. 항상 번득이는 아이디 어와 생동감 있는 프로모션은 스카이72를 방문하는 골퍼들에게는 큰 즐 거움이었을 겁니다. 이 책은 스카이72의 마케팅이 어떤 과정에서 이루어 졌는지 알려주는 최초의 책이 될 것입니다. 강추합니다.

● LPGA KEB 하나은행 챔피언십 토너먼트 디렉터 박폴

스카이72 경영 철학의 핵심은 뜻밖에도 '동심'이다. 동심을 중심으로 유 명한 붕어빵 포차, 유머 글판, 친환경, 사회공헌, 그리고 짓고 까불기 퍼포 먼스가 돌아간다. 책을 보는 내내 새롭고 즐거울 것이다. 경영자라면 꼭 보라.

● 서울대 경영학과 교수, 한국소비자학회 회장 김상훈

고객 중심 경영을 기업 철학의 기본으로 다양한 이벤트와 혁신을 통해 한국 골프장의 패러다임을 바꾼 스카이72와 아주 특별한 마케터 겸 스토리텔러인 황인선 작가의 만남은 골프업계뿐만 아니라 기업, 직장인, 학생 등 모두에게 신선한 충격과 영감을 줄 것이라 생각한다.

● 초대 한국문화콘텐츠진흥원장, 前 단국대 멀티미디어학과 교수 서병문

영화 '스타워즈'의 명대사 "May the force be with you(포스가 당신과 함께하길)"은 세계 관객에게 우주를 넘나들 수 있는 상상력을 선물했다. 스카이72 마케팅을 한마디로 요약하면 "May the course be with you(코스가 고객과 함께하길)"일 것이다. 스카이 72는 이러한 마케팅 정신을 바탕으로 고객에게 행복을 주는 차별화된 코스로 한국 골프계에 새로운 역사를 써 내려가고 있다.

● (주)퍼시픽 엔터테인먼트 대표이사 전영택

대한민국 유일의 미LPGA 대회를 10년 연속 개최하였고, 총 32회의 국내외 남녀 프로골프 대회를 통해 약 58만 명의 대회 관람객이 찾아왔으며, 매년 1월 1월 해맞이 축제에 2,000명이 참가하여 골프장을 누구나 찾을 수 있는 일상의 공간으로 확장한 스카이72는 스포츠 마케터 시선에서도 존중할 만하다. 세계적인 골프 문화 기업으로 성장하기를 기원한다.

● 세마스포츠마케팅 대표이사 이성환

72홀 골프 코스를 만든다는 소식을 처음 접했을 때 솔직히 큰 기대는 하지 않았었다. 그러나 웬걸 72홀 코스 하나하나는 하드웨어, 소프트웨어 가리지 않고 대한민국 골프장의 패러다임을 바꿔놓았다. 이 골프장 개장 초기에 내가 가졌던 생각이 얼마나 위험천만한 선입견이었는지 이제 충분히 입증되었다.

● 파이낸셜뉴스 정대균 골프 전문기자

스카이72는 정말 특별하다. 여성 그리고 주말 골퍼를 위한 그들의 서비스는 늘 내게 자극과 영감을 준다. 만일 이 골프장이 미국에 있었다면 사우스웨스트 항공을 넘는 연구 사례가 되었을 것이다. 황인선 작가는 내가 놓쳤던 스카이72의 본질을 아주 재밌고 깊이 있게 보여준다.

● 동아 오츠카 마케팅 상무, 한국여성스포츠회 이사 이진숙

머리보다 가슴을 요동치게 하여 내 장기기억 속에 자리 잡게 하고 많은 실행전략들을 떠올리게 해주었던 곳은 늘 스카이72 마케팅 현장이었다. 머리가 아닌 가슴으로 마케팅 전략을 실천하기를 꿈꾸는 분들에게 이 책은 비밀의 문을 여는 열쇠가 될 것이다.

● Insight Korea 마케팅 리서치&컨설팅 대표 문준열

'어쩌면 저렇게 곳곳에 비타민과도 같은 유머와 아이디어로 고객들을 배려하여 유쾌하게 할까?' 스카이72를 갈 때마다 느끼는 감탄이다. 사장부

터 직원까지 이런 보석 같은 브랜딩이 문화로 정착되어 있으니 가까이서 보는 이들도 늘 감동과 영감을 받을 수밖에 없다. 한국 마케팅에서 특별한 위상을 가지는 황인선 작가의 이 책은 그 보석 같은 모습들을 구석구석 비춰줄 것이다.

● 아디다스 코리아 브랜드 디렉터, Vice President 강형근

그동안 최고의 토너먼트 골프장으로 각광 받아온 스카이72. 앞으로도 우리나라 골프 대중화와 올바른 골프 문화를 이끌어주기를 부탁드립니다.

● 대한골프협회(KGA) 부회장 강형모

스카이72의 탄생과 성장, 발전을 총 정리하는 책 발간을 축하한다. 스카이72는 완벽한 준비로 국내 최고 수준의 대회를 열어주는 고마운 골프장이며, 또한 주말 골퍼로서 내게 스카이72는 늘 새로움을 더해주는 신기한 골프장이었다. 로커, 카트, 그리고 화장실 등에서 만나는 디테일의 완벽함은 여타 골프장에서는 좀처럼 찾기 힘든 모습이다.

● 한국프로골프협회(KPGA) 사무국장 박호윤

BMW 레이디스 챔피언십, KB 금융스타 챔피언십, KLPGA 챔피언십 등 투어 개최 골프장으로서 대한민국 투어 환경과 골프 발전에 큰 기여를 한 스카이72. 향후에도 골퍼, 선수, 갤러리, 기업뿐만 아니라 일반 시민과 함께 사회적 자산으로 성장하시길 바란다.

● 한국여자프로골프협회(KLPGA) 사무국장 김남진

다양한 고객 중심 경영으로 한국 골프 발전과 대중화에 이바지한 스카이72의 경영 철학과 DNA는 기업뿐만 아니라 창업의 꿈을 키워가는 미래의 리더들에게도 좋은 경영 바이블이 될 것이다.

● 한국대중골프장협회(KPGCA) 사무국장 조창기

스카이72는 국내 유일 LPGA 대회를 개최하는 오션 코스와 늘 다양한 대회를 여는 하늘 코스 등 다이나믹한 도전의식을 갖게 하여 골프의 새로운 맛을 느끼게 하는 골프 코스이다. 계절마다 코스에서 펼쳐지는 붕어빵과 어묵, 아이스크림 등은 라운드에 또 다른 재미를 더해주어 자주 찾게 만든다.

● 2018년 스카이72 마스터즈 우승자 최태성

착할 수 있다. 골프야

골프에 있어 최고의 권위를 가진 'R&A(the Royal &Ancient golf club. 영국의 브리티시 오픈 골프대회를 주관하는 단체)'의 보고서는 아래처럼 골프의 착한 점과 노력하는 점 7가지를 들고 있습니다. 이는 우리가 일반적으로 언론 등에 의해서 알려진 부정적 이미지의 골프와는 또 다른 골프의 혁신 가능성을 보여줍니다.

1. 골프와 사회

골프는 사회 통합, 특히 지역사회의 결집을 유도하는 허브 역할을 할 수 있다. 일반적으로 다른 스포츠가 개인의 신체적 개발에 편중돼 있는 것과는 달리, 골프는 신체적·사회적으로 균형 있는 성장이 가능하다. 골프만큼 모든 연령층에서 무리 없이 즐길 수 있는 스포츠는 찾아보기 힘들고,

사교적 기능도 뛰어나 일석이조의 효과를 지닌 스포츠이다. 또한 골프장은 그 자체가 자연공간인 녹지 역할을 해 인근 주민을 건강하게 한다.

2. 골프와 경제

골프장은 주변 지역의 부동산 가치를 상승시키고 지역 비즈니스 및 고용을 창출해 지역사회 경제발전에 크게 기여한다. 또 때때로 치러지는 메이저 스포츠 이벤트는 큰 경제적 파급 효과를 가져온다. '디 오픈(The Open Championship/The British Open. US 오픈, 마스터즈 대회, 미국 프로골프선수권 대회와 더불어 세계 남자 4대 메이저 대회의 하나. 1860년 창설되어 가장 오래된 전통을 가진 대회로서 오픈 경기의 기원이다. 전 세계 골프의 규칙을 관장하는 영국왕립골프협회가 주관)'의 경우 매년 약 1,700억 원의 경제 효과를 창출하고, 2013년 기준 골프는 유럽 경제에서 1경 8,000조 원 규모로 영향을 미치고 있는 것으로 조사됐다.

3. 골프와 환경

로얄할러웨이 대학교(Royal Holloway University of London)는 골프가 환경에 좋은지 나쁜지를 설문조사했는데 그 결과 골퍼 중 80%가 유익하다고 답변했다. 그러나 비골퍼 중 유익하다고 답변한 사람은 36%에 불과했다. 이는 골프 사회에서는 지극히 상식적으로 알고 있는 골프의 친환경성이 일반 사회에선 아직 제대로 알려지지 않았다는 것을 말해준다.

4. 도시화를 막는 골프

골프장은 도시화가 심화되는 현대사회에서 도시와 전원 지역을 잇는 녹색 연결고리 역할을 하고 있다. 골프 코스는 스코틀랜드의 링크스(Links) 지형에서 시작됐다. 그 지형은 당시 산업적으로 별다른 가치를 지니지 못했지만 오늘날 가치를 매길 수 없는 골프의 성지가 되고 있다. 미래의 골프 코스 개발 역시 "가치가 낮은 땅을 발전시킨다."는 원칙을 지켜야 한다. 광산 지역과 같이 이제 산업 가치가 낮아진 땅을 재개발해 스포츠와 녹색공간으로 가꾸어 나가는 것이다. 골프는 도시화에 맞서 다음과 같은 생태계 서비스를 제공할 수 있다.

- 지역 기후 조절: 건강한 나무 한 그루는 에어컨 10대와 맞먹는 냉각 효과를 제공한다.
- 대기오염 예방: 15㎡의 잔디밭은 4인 가족 하루 분량의 산소를 공급해주고, 0.5ha의 잔디밭이면 64명 분의 하루 산소를 만들어낸다.
- 기후변화 저항: 나무 200그루가 포함된 1ha의 숲은 1년에 2톤의 이산화탄소를 빨아들인다.
- 도시화로 건물, 도로 등 물을 흡수하기 어려운 비다공성 표면이 늘어남에 따라 발생하는 지역적 홍수를 줄여준다.
- 자연 필터 제공: 코스의 잔디와 토양은 그곳을 통과하는 물을 정수하는 필터 역할을 한다.

5. 물 절약을 위한 골프의 노력

2006년 그린피스 보고서에 따르면 스페인 안달루시아 지역의 골프장들은 농업 및 시민이 사용하는 정화수를 관수에 사용하고 있다. 한 해 동안 한 골프장에서 사용되는 물은 평균 70만m²로 약 15,000명이 사용할 수 있는 양이다. 그러나 2015년 안달루시아의 85개 골프장들은 40~50만m²의 물을 사용하고 있고, 그중 70% 이상은 재활용수를 사용한다. 골프장은 물 사용 문제를 해결하기 위해 다음과 같은 노력을 하고 있다.

- 코스 잔디를 줄이고 가뭄에 내성을 지닌 토착 식물로 대체
- 잔디를 덜 사용하는 코스 디자인 적용
- 최신 관수 기술을 활용해 적정량의 물 공급
- 재사용·재처리수 등 다른 물 공급원 활용

6. 골프의 화학물질 사용

골프는 코스 내 잔디를 잘 키우고 보호하기 위해 화학물질을 사용하고 있다. 그러나 전체 사용량으로 보면 많이 사용하는 것 같지만, 단위면적당 사용량은 농업 분야의 일반 작물에 비해 아주 적은 것이 사실이다. 18홀 코스 기준 골프장은 같은 규모의 농업과 비교해 3분의1의 농약 및 비료를 사용하고 있다. 그럼에도 골프는 지금도 화학물질 사용 최소화를 기본 방향으로 설정하고 있다. 이는 생물학적·화학적 방법을 함께 사용해 병해를 제어하는 데 초점을 맞춘 종합적 관리(IPM)를 통해 이뤄진다.

추가로 골프는 화학물질 사용을 더 제한할 계획이다. 이와 동시에 코스 관리에서 화학물질을 대체할 수 있는 토착 미생물과 유기 제품을 개발 및 사용을 확대하고 있다.

7. 야생동물 보호에서 골프의 역할

UN과 EU에서 보고됐듯이 생물 다양성이 비극적으로 손실되고 있는 것에 대해 골프는 글로벌 스포츠로서 다양한 노력을 기울이고 있다. 골프는 예지된 잔디밭에서 행해지지만 기본적으로 골프장 토지의 50% 이상은 야생 동물이 식생할 수 있는 공간이다. 그린키퍼들은 땅의 관리자로서 그들이 관리하는 코스에 야생 동식물이 발견되는 것에 큰 자부심을 갖고 있다. 야생 동식물의 다양성을 높이기 위한 방법으로 그들의 서식지 관리는 늘 골프에서 중요한 의제가 되고 있다. 많은 골프 코스는 물과 습지를 포함하고 있고, 링크스와 같은 민감한 자연 지형은 골프 코스에 의해 보호되고 있다. 야생 동식물은 농약 사용 저감과 정확한 방제 타깃으로 보호되고 있으며, 많은 멸종 위기 종이 골프 코스 내에서 안전하게 서식하고 있는 것을 목격할 수 있다.(《골프산업신문》 기사에서 부분 편집 인용)

* * *

현상과 질문: 세계골프재단 CEO 스티브 모나는 "골프를 규모가 작은 산업이나 특정 부류의 소일거리 정도로 생각하는 사람도 있는데 실제로 골프는 많은 일자리를 만들어내는 큰 산업이다. 골프에 대한 인식을 변화시켜

야 한다."고 말했습니다. 이런 사정은 한국도 마찬가지입니다. 한국의 골프 인구는 최소 500만으로 전체 인구의 10%이고, 골프장은 500개입니다. 18홀 골프장 1개는 통상 축구경기장 50개 정도의 공간입니다. 골프장이 500개면 한국에는 축구장 2.5-4만 개의 공간이 일반인이 잘 모르는 곳에 있는 셈입니다. 만일 이 골프장이 위 기사처럼 착해진다면, 그리고 공간 혁신의 선구자가 된다면 국민 스포츠, 힐링, 지역 커뮤니티와 사교, 환경, 축제, 관광산업 등에 일대 혁신이 올 것입니다. 그래서 우리는 스카이72의 혁신 사례에 주목해야 합니다.

책 〈나는 120살까지 살기로 했다〉에는 이런 대목이 나옵니다.

　"… 이런 내 생각이 변하게 된 계기가 몇 가지 있다. 5년 전 겨울 한국에서 102세가 된 이종진 옹과 골프를 하며 대화를 나눌 기회가 있었다. 그분은 그 연세에도 골프를 할 만큼 **정신이 또렷하고 활력이 넘쳤으며, 낙천적이고 재치가 있어** 함께 대화를 나누는 것이 즐거웠다. 동석했던 그분의 66세 아들은 아버지랑 가끔 필드를 나가면 자기는 무릎이 약해서 카트를 타지만 아버지는 지금도 4마일 길이의 골프 코스를 거뜬히 걷는다…."

　인용 내용 중 굵은체 부분을 주목해주기 바랍니다. 정신, 활력, 낙천적, 재치. 이게 바로 골프의 기능이며 골퍼의 좋은 태도입니다. 참고로 저자 이승헌은 세계적인 명상가이며 뇌과학자, 평화 운동가이고 지금은 뉴질

랜드에 본인이 만든 어스(Earth) 빌리지에 주로 거주합니다. 120세까지 살겠다는 특별한 그도 골프를 좋아하는군요.

자, 이제 우리의 이야기를 합시다. 골프 이야기지만 골프 이야기를 넘어설 겁니다.

우선 골프 치세요?

언젠가는 칠 건가요?

안 치더라도 비즈니스를 하는 데 골프 상식은 알고 있어야 한다고 생각하십니까?

아니면,

경기 활성화, 경영혁신, 차별화 마케팅을 통한 시장 파괴 등에는 관심 있나요?

그런데 그것이 미국이나 일본, 중국 사례가 아니라 요즘 한국 사례라면 더 좋겠죠.

그것도 아니면,

당신이 혹시 유머를 좋아하여 한국에서 유머와 스토리텔링 경영으로 성공한 곳이 궁금합니까? 세계 어느 나라에 내놔도 주목받을 그런 기업 말이죠.

그럼 이 책의 주인공, 스카이72 골프 앤 리조트(이하부터 스카이72로 표현)를 만나야 합니다. 72는 홀의 수가 72인 이유도 있지만 주말 골퍼들의 꿈인 72타를 상징하는 숫자고, 또한 7과 2를 더하면 9인데 9는 화투놀이

가보잡기에서 최고 숫자죠. 주말 골퍼의 꿈을 이루어주고 동시에 골프장의 가보가 되겠다는 각오도 담은 상징입니다. 영종도공항 근처에 있는 총 72홀의 퍼블릭(대중) 골프장이며 국내에서 유일하게 국제 LPGA 대회를 10년 연속 치르고 있고, 아시아 골프계에서 10위 내로 영향력 있는 CEO가 있고, 유머와 감동이 있는 스카이72 골프장. '대한민국에서 가장 아름다운 골프장', '골프 서비스 사관학교', '골프장 업계의 이단아' 등 수식어가 따라붙는 골프장, 기네스북에도 등재된 세계에서 가장 큰 연습장을 가지고 있고, 현재 카카오톡 공동대표가 된 조수용 씨가 디자인한 네스트 호텔을 보유하고 있으며, BMW 드라이빙 센터에 임대해주고 있는 그곳. 한국에서 공간 경영, 서비스 마케팅의 고정관념을 통쾌하게 깬 그 골프장! 타 골프장뿐만 아니라 타 기업에서도 공식적이거나 은밀히 벤치마킹하는 골프장!

이 골프장을 알게 되면 기업에게 고객이란 무엇인가를 알 수 있고, 당신의 비즈니스 전략 구상과 혁신적 실천에도 큰 영감을 줄 겁니다. 어쩌면 엄숙하기만 한 한국 사람들에게 인생을 유머러스하게 사는 데도 자극을 줄 겁니다. 이 골프장은 필자가 보기에는 아무래도 보통 골프장이 아니니까요. 그러니까 기업 평가에 인색한 한국보다는 해외에서 먼저 스카이72를 알아줍니다. 미국 유명 골프 채널인 '골프 투데이'는 2017년 7월 방송에서 "이것이 오늘날 한국 골프의 모습입니다(This is what golf in korea looks like today)"라며 비행기에서 내려다보이는 스카이72 코스와 휴대폰 충전기, 포장마차 붕어빵과 청주 공짜 서비스 등 미국에서조차 볼 수 없는 다양한 서비스 내용을 내보냈습니다. 부자·남성 중심의 명문 회원제 골프장들은 다소 불만이겠지만, 대중 골프장인 스카이72가 어느덧 한국을 대표하는 골프장이라는 의미를 담은 거죠. 소비자 중심 경영(CCM. Consumer Centered Management. 인증기관 공정거래위원회, 운영기관 한국 소비자원) 인증 평가위원이 "스카이72는 단순히 어느 한 기업 소유의 골프장이 아니라 이제 우리의 사회적 자산이 되었다."라고 했는데 이는 과장된 표현이 아닙니다. 이러고 보면 스카이72는 단순히 성공한 서비스 산업 마케팅 사례가 아니라 포항의 허허벌판 바닷가에 세계 최고의 제철회사를 세우고, 갯벌인 순천만에 국가 정원과 습지 생태공원을 만들어 연 100만 명 이상을 불러 모으고, 아무도 찾지 않고 보잘것없던 북한강 섬에 외국인 포함 연 250만 명을 불러들이는 남이섬 나미공화국, 원스톱 저가 항공사로서 유머 경영으로 여객부문 세계 3위에 우뚝 선 사우스웨스트 항공만큼이나 '영종도의 기적'이라고 할 수 있는 사건이 만들어진 골프장입니다. 이 골프장 이야기를 하기 전에 필자가 이 책을 쓰게 된 인연을 먼저 밝힙니다.

1990년대 말 필자가 삼성그룹 자회사인 제일기획에서 갓 차장을 달았을 때입니다. 그 무렵에 삼성그룹은 이건희 회장이 인재 육성 차원에서 권장하는 그룹 3대 스포츠가 있었습니다. 야구, 풋볼, 골프입니다. 야구에서는 팀워크를, 풋볼에서는 돌파력을, 골프에서는 전략과 매너를 배우라는 이유에서였습니다. 골프를 돈 많고 나이든 사람의 스포츠 정도로 알고 있는 사람들은 이 회장의 이 주문이 좀 생소할 텐데 골프를 아는 분들은 이 뜻을 잘 알 겁니다. 바람과 햇빛과 추위, 계곡과 언덕에 홀로 서서 클럽 14개를 조종해서 세 명의 동반자와 치열하게 내기하며 체력을 조절하고 캐디에게 길을 묻고…. 그렇게 해서 4시간 이상을 마지막 18홀까지 가는 스포츠가 골프입니다. 그래서 골프에는 "거리보다 방향", "골프의 90%는 두뇌 게임이다. 그럼 나머지 10%는? 역시 두뇌 게임이다.", "상대방만 보면 내가 무너진다." 같은 어록이 꽤 많습니다. 90년대 당시 세계 경영자들의 롤 모델이었던 GE의 잭 웰치 회장도 골프를 잘 쳤죠. 잭 웰치는 젊어서 캐디도 했던 만큼 실력이 프로급이었다고 합니다. 부시, 클린턴부터 트럼프까지 미국 대통령들은 대체로 골프를 좋아했고 골프로 곧잘 외교를 했습니다. 한국 대기업의 중역들도 대부분 골프를 아주 잘 칩니다. 비즈니스를 같이하려면 그 사람과 골프를 쳐보라는 격언이 있습니다. 매너, 과감성, 정직함, 분위기 조성 능력, 두뇌 등을 알 수 있는 것이 골프이기 때문입니다. 필자는 당시 이 권장 이유를 몰랐습니다. 골프를 부정적으로 봤으니까요.

그런데 대기업 차장이 되니 중역들하고 이야기할 기회가 많아지더군요. 그들이 자주 해저드, OB, 버디, 핸디캡, 그리고 게임 방식인 스킨스, 라스베가스 등을 말하면 용어조차 못 알아들으니 자연스럽게 왕따가 되더군요. 그러나 차장을 갓 달은 터에 내 월급으로는 턱도 없고, 또 골프 관련 부정행위 사례도 꽤 들은 터라 골프는 나와는 관계없는 것이려니 하고는 귓등으로만 들었습니다. 그렇게 1~2년이 가고 1999년이 되었습니다. 1999년이면 1998년 IMF로 나라 경제가 파탄에 이르렀다가 바로 IT 열풍이 불어 주식시장이 폭발하던 때입니다. 회사 생활 10년 차에 접어들자 필자는 가정과 회사에서 슬럼프에 빠져들고 있었습니다. 재미있던 광고도 시들, 집에 가도 시들, 친구들과 마시는 술도 재미없었습니다. 그때 주식에 빠져들었습니다. 당시 많은 사람들이 주식시장에 몰려들었으니 이상할 것도 없었습니다. 주식 초보인 필자가 돈을 꽤 벌었습니다. 아, 물론 잠깐은요. 쉽게 돈을 버니 돈이 우습고 술을 많이 마시다 보니 생활이 더 불규칙해졌습니다. 배가 나오고 살이 쪘습니다. 그럴수록 더 주식에 매달렸습니다. 사실 그때는 국장님, 전무님도 대놓고 주식을 하던 때라 누가 뭐라 하는 사람도 없었습니다. 하루에 수천만 원을 버는 날도 있었고 수천만 원을 날리던 날도 있었지만 전체적으로 꽤 벌었습니다. 별명이 마이다스 황이라고도 불렸는데 어느날은 전무님이 살짝 불러 투자 정보를 물어보기도 했었던 걸 보면 사람들은 필자가 정말 마이다스로 보였나 봅니다. 그러니 고작 몇 백만 원 월급의 회사 일은 안중에도 없었습니다. 그 직전엔 2년 연속 전사 최우수 AE(Account Executive: 광고 기획 및 영업)에 추천될 정도로 일에 열심이었는데 말입니다. 1999년 1년여를 그렇게 사니 어느 순간 공허함이 덮쳤습니다. 주식은 신기루 같아 늘 들쭉날쭉, 불룩 나온 배는 부담스러웠고 배가 나오니 몸은 뒤로 젖히고, 그러니 허리에도 부담이 왔습니다. '보잘것없는 인생 이렇게 가나 보다' 싶었습니다.

그러던 어느날 그날도 습관처럼 술을 걸치고 '인생 참, 점점 더 재미없다.' 생각하며 평촌 집으로 터덜터덜 걸어가던 중 어디선가 환한 불빛이 보이고 따악따악 소리가 들리더니 하얀 물체가 빛 속을 뚫고 날아가는 게 보였습니다. 발길을 멈추고 보니 골프 연습장이었습니다. 연습장 2층 불빛 아래서 남녀가 우아한 자세로 골프 클럽을 휘두르는 게 빛 속에 실루엣으로 보였습니다. 환상처럼 보였습니다. '이거다. 세상을 때려! 날려 버려.' 그래서 홀린 듯이 바로 연습장에 등록했습니다. 회사 L 선배가 준 중고 클럽을 몇 개 들고 연습장에 다니기 시작했습니다. 평일은 4일을 연습장에 갔습니다. 매일 연습 공 2박스를 쳤습니다. 1박스는 90개 정도의 공이 들어 있고 다 치면 1시간 반 정도 걸립니다. 골프 연습은 생각보다 운동이 꽤 됩니다. 허리가 특히 좋아지지요. 매주 토요일은 용인 에버랜드 200야드 연습장에 가서 하루 4시간을 연습했습니다. 운동 싫어하던 인간이 늘 땀에 흠뻑 젖어 집으로 돌아가니 아내가 신기하게 쳐다봅니다. 골프 책들을 읽고 관련기사와 골프 비디오를 봤습니다. 왼쪽 갈비가 아파 누울 수가 없을 정도로 연습했습니다. 3개월쯤 되니 몸무게가 6kg 줄었습니다. 그동안 허리띠를 네 번 잘랐습니다. 엄지에는 굳은살이 잡혀 칼로 계속 깎아냈습니다. 자세도 어느새 반듯해졌습니다. 평생 기억에 남는 말도 들었습니다. 평소 무뚝뚝하던 티칭 프로가 자기가 골프 티칭을 20년 했는데 직장인 중에서 필자처럼 연습하는 사람이 두 번째라고 하더군요. 그러면서 "골프를 잘 치려면 근육이 동작을 기억하게 해야 한다."고 조언해줬습니다. 동일한 시간을 들여도 그것을 3개월에 집중하는 사람과 3년 동안 한 사람은 근육의 기억이 달라 실력 차이가 난다는 겁니다. "근육이 기억해야 한다."는 말은 지금도 골프를 떠나 공부나 일에서도 금과옥조처럼 들리는 말입니다.

그 뒤로 10년을 골프에 빠져 살았습니다. 어떻게 보면 골프 때문에 일했고 골프 때문에 한 주가 즐거웠던 10년이었습니다. 골프 원리와 어록을 비즈니스와 인생살이에 비유하는 버릇도 생겼습니다. 주식은 관심 끊었습니다. 40대 초반에 싱글(총 81타 이내 스코어. 당구로 말하면 3백 이상)이 되었고 골프 신동, 장타자 소리도 꽤 들었습니다. 필자는 연습할 때부터 ▲장타를 친다, ▲빈 스윙은 안 하고 간결하게 친다, 두 가지 원칙을 세웠습니다. 광고회사에 다니던 필자는 아무래도 비즈니스 골프가 많고 그러려면 감탄과 입소문을 자아내는 샷이 필요하다고 봤기 때문입니다. 덕분에 드라이버 거리는 평균 240미터의 장타였는데 비공식으로 서울 근교 골프장에서 평지 292미터 파4홀을 원 온, 스카이72 오션 코스 13홀에서는 뒷바람과 내리막 경사 타고 345미터가 기록입니다. 그 홀에서 최경주 선수가 이글을 했다는데 저도 그 홀에서 이글을 했지요. 골프장은 국내외 합쳐 100여 군데는 다닌 것 같고 1년에 평균 30회 이상 라운드를 했습니다. 타수는 2오버 74타가 최저타. 70타대 싱글 디지트 핸디캡 플레이어는 2008년 이후 4~5년 쳤습니다. 그러다가 2013년에 무릎 인대를 다쳐 지금은 80대 중후반 정도 칩니다. 그러니 골프장 이야기를 할 자격은 좀 있을 겁니다. 필자는 지금 문화마케팅 컨설팅, 책과 칼럼 저술, 스토리텔링, 강의와 심사, 축제 감독과 공간 재생 등에 관심을 갖고 프리랜서로 일하고 있습니다.

다시 한 번 묻습니다.

골프 치세요? 언젠가는 칠 건가요?

안 치더라도 비즈니스를 하는 데 골프는 알고 있어야 한다고 생각하십니까?

아니면 경영혁신, 차별화 마케팅을 통한 시장 파괴에 관심 있으실 텐데 그런데 그것이 '한국에도 세계가 배울 멋진 사례가 있을 거 아니야, 그런데 왜 잘 안 들리지. 세계 1위 삼성 갤럭시, 빌보드 앨범 차트 1위를 한 방탄소년단, 요즘 미국에서도 핫한 퓨전 국악 밴드 씽씽밴드, 피겨 여왕 김연아 같은 대단한 사례를 만드는 한국인데 우리 경영학 교수나 저자들은 뭐하는 거야? 매번 미국이나 일본 사례만 들여오고….' 이런 안타까움도 있는가요?

그것도 아니면,

유머 센스를 좋아해 한국에도 유머와 스토리텔링 경영으로 유명한 곳이 있을까 궁금하십니까? 세계 어느 나라에 내놔도 주목받을 그런 곳 말이죠.

그럼 스카이72를 만나보세요. 인생이나 사업에서 분명히 영감을 받을 겁니다. 간혹 웃음이 터지고 감탄과 감동, 공감의 철학도 있습니다. 이 책은 단순히 골프장 이야기가 아닙니다. 골프장 이야기만 쓰려면 25년 경력의 마케터이면서 스토리텔러인 필자가 할 일은 아닙니다. 이 책은 한국의 고정관념을 깬, 한국의 위대한 혁신에 관한 이야기입니다. 필자는 이 골프장을 10년 전부터 눈여겨봐왔고 꼭 책으로 쓰겠다고 생각했었습니다.

고맙고 미안한 분들 이야기를 마지막으로 쓰고 싶습니다.

먼저 10년 이상 주말이면 핑하고 사라지는 남자의 아내 정영구와 그런 아빠를 두어 외로웠을 태일, 태건 두 아들에게 고맙고 미안합니다.

그리고 세계 골프장 중 엄지 척 혁신을 일군 스카이72 임직원과 그 수원(水源)에 있는 김영재 대표님, 친구 같고 형 같은 김원재 부사장님 참 고맙습니다. 많은 자료를 끝까지 챙겨주신 홍보실 이용규 실장님, 필자가 외부 인사들을 초청하면 기꺼이 홍보와 강의를 맡아줬던 김유진 팀장님 고맙습니다. 멀리서 특별 기고를 해준 골프 카리스마 최경주 프로님 감사드리고, 넘치는 에너지와 인사이트 인터뷰로 스카이72의 역사와 속살을 보여준 양찬국 헤드 프로님, 강릉의 크리에이터 이경화님, 그리고 필자가 미처 못 보던 곳을 말해준 아름다운 캐디 세 분, 늘 친절한 바다와 하늘 코스 지배인님들 감사드립니다.

10여 년 이상 스카이72 곁을 지켜준 30여 MCC 위원님들은 당연히 고맙습니다. 이필현 초대 회장님부터 서병문 김상범, 김상현 전임 회장님들과 현 김기백 회장님 감사드리고 많은 남자 위원들 중에 여우(女優)별이 되어 주었던 이진숙, 이성민, 유지영, 이윤남, 정수진님께 감사드리며, 특히 10년간 누구도 감히 도전하지 못하도록 360도 간사 역할을 수행한 문준열 인사이트 코리아 대표, 이 책 좌담에 참여해 골프산업의 미래를 짚어준 김도균 경희대 교수님에게는 조금 더 감사를 드립니다. MCC와 같이 해줬던 스카이72 원년 멤버 장수진, 서향기, 육효진님은 기억에 깊이 남아 있습니다. 만화 〈버디〉를 연재하면서 홍보대사를 해주셨던 이현

세 화백과 〈골프 다이제스트〉의 늘 유쾌했던 최인섭 대표님도 기억에 깊이 남아 있습니다. 18년 필드 세월을 같이한 제일기획, KT&G, 시미트리(마케터 클럽) 골친(親)들도 감사드립니다. 필자의 홀인원과 2회 이글, 그리고 천 번의 버디에 지갑 털린 골친님들 미안합니다. 축제와 골프를 같이 사랑하는 춘천마임축제 이사님, 운영위원님께도 감사드립니다. 언젠가 스카이72 골프축제 날 모시겠습니다. 끝으로 흔쾌히 출판을 맡아준 소담출판사의 이태권 대표님과 이도림 상무님 감사합니다.

마케터 & 스토리텔러, 골퍼
황인선 드림

· 차례 ·

어! 벤저스 골프장!

두 개의 심장으로 뛰는 골프장

골프는 살아 있다

한국을 깬 골프장, SKY 72 이야기

1부

어! 벤저스 골프장!

▶ About 스카이72

○ 국내 골프장 매출 1위

● 골프다이제스트 2011~2017: 대한민국 베스트 코스 7년 연속 선정

○ 아시안골프 어워드 '대한민국 베스트 코스' 부문 11년 연속 수상(2007~2017)

● 국내 최대의 단일 퍼블릭 골프장

○ 온라인 회원 30만

● 국내 유일 LPGA 대회 10년 연속 개최

○ 5개의 차별화된 코스

● 국내 골프장 중 유일하게 소비자 중심 경영(CCM) 인증

○ 골프업계 최초 여성가족부 '가족친화 인증기업' 선정

● IT 기술의 적극적 도입, 고객 관리에 활용

○ 죽기 전에 가봐야 할 골프 명소 20곳 - 드림골프 레인지, 기네스북 등재

● 2017년까지 총 78억 3천만 원 자선기금 기증

오션 코스 18홀. 일명 '대한민국 홀'

드림골프 레인지. 세계에서 가장 큰 골프 연습장

와, 골프장이
이럴 수가?

2007년 어느 날, 스카이72 골프장에 갔습니다. 뭔가 요상한 소문에 호기심이 발동해서였습니다. 과천에서 서울 외곽순환도로를 따라 인천공항 가는 길로 1시간 정도 걸렸습니다. 당시는 링크스 코스(지금은 클래식)이었던 것으로 기억합니다. 링크스(links)는 스코틀랜드 북부 해안을 따라 낮은 구릉이 물결처럼 이어진 지형을 뜻합니다. 스카이72 링크스 코스는 얕은 언덕이 많지만 다른 세 코스에 비해서 다소 쉬운 편이었습니다. 필자의 스카이72 인연이 이렇게 시작되었습니다.

첫 번째 홀에서 동반자가 버디를 했습니다. 주말 골퍼들에게 버디는 커다란 기쁨이죠. 그런데 캐디가 바로 다음 홀 티잉 그라운드(그 홀에서 처음 골프를 시작하는 곳)에서 바니걸스 캡을 꺼내 버디를 한 동반자 머리에 씌워줬습니다. 이미 꽤 많은 골프장을 다녀본 필자로서도 처음 보는 퍼포먼스였습니다. 어리둥절하는 동반자의 우스꽝스러운 모습에 모두 웃었지요. 캐디는 이어서 좌우로 율동을 하며 버디송 노래를 불렀습니다. "♬ 울렁울렁 울렁대는… 버디 좋아, 버디 좋아. 이다음엔 홀인원이야…" 늘 엄숙하고 매너를 따지는 골프장에서 이런 것은 처음이었습니다. 버디를 한 친구가 얼굴에 웃음이 가득합니다. 신기했습니다. 그러나 매사 비판적인 필자는 '요즘 골프장이 늘더니 이렇게 관심을 끄는구나.' 정도였습니다. 그러면서도 은근 버디를 하고 싶었는데 아쉽게도 버디가 되지 않았습니다. 그러다가 그늘집에 들렀습니다. 맥주 한잔하는데 벽에 걸린 문구가 들어왔습니다. 주기도문을 패러디한 글이었는데 내용이 좀 이상했습니다. 아직도 기억나는 한 구절은 다음과 같습니다.

　　주여, 저의 실력보다는 상대의 실수로 돈을 따게 해주시고…

　그걸 쳐다보며 우리는 빵 터졌습니다. 그때서야 여기는 확실히 뭔가 묘한 지향을 가진 골프장이라는 생각이 들었습니다. 궁금해서 캐디에게 혹시 골프장 전체 슬로건이 있느냐고 물어봤습니다. 기대는 안 했습니다. 골프장이 그런 게 있을 리 없습니다. 그런데 헉, "골프에서 펀을 찾아라 (Discover Fun in Golf)"랍니다. 머리를 뿅망치로 한 대 맞은 기분이었습니다. 골프장과 펀? 이건 골프 상식을 벗어난 결합이었습니다. 당시 필자도 나름 아이디어 뱅크로 불리던 마케터였는데 골프장에 대한 고정관념은 시멘트처럼 단단했습니다. 그런데 영종도에 있는 이 골프장은 이미 '파괴적 혁신(disruptive innovation 단순하고 저렴한 제품이나 서비스로 시장의 밑바닥을 공략한 후 빠르게 시장 전체를 장악하는 혁신. 미국의 크리스텐슨 교수가 제시한 용어)'을 하고 있던 것입니다. 또 하나 궁금증이 일어 골프장에 혹시 스토리텔러가 있느냐고 물어봤습니다. 캐디가 스토리텔러가 뭐냐고 물어서 설명해줬더니 "저는 본 적 없지만 그런 분 있대요."라고 합니다. 과연! 그렇군요. 그런데 캐디의 말 "그런 분 있대요."가 걸립니다. 그건 보통 도깨비불이나 구미호 전설, 또는 비밀병기 등에 쓰는 표현이니까요. 이 궁금증은 결국 10년이 넘어 풀립니다.

미쉘 위 목각 등신대

그 뒤 시간이 좀 흘렀습니다. 그다음 두 번째 라운드는 하늘 코스에서였습니다. 하늘, 이름부터 끝내줍니다. 하늘 코스는 바다 코스(전 54홀. 클래식, 호수가 많은 레이크, 가장 어렵고 남성적인 오션 코스로 이루어짐)와 3~4km 떨어져 있고, 암반 언덕 위를 개조한 전장 6,354미터 18홀 코스입니다. 코스 설명에 따르면, 애리조나(Arizona. 미국의 서남부에 있는 주 이름. 1539년 스페인 탐험대가 전체를 보지 못한 채 일부만 보고 '작은 샘'이라는 뜻의 'Arizonac'이라고 부른 데서 연유. '건조한 지역'이라는 뜻의 스페인어 'arida zona'가 줄어들어 Arizona가 되었다는 설도 있음)의 자연 암반과 야생화가 어우러진 스타일을 추구하며 코스 전체가 벤트그라스(Bent

국내 골프장 중 유일하게 LDGA가 개최되는 오션 코스 가을 전경

Grass. 서양 잔디의 일종. 땅윗줄기로 퍼져나가는 속성이 있고 누워 자라면 1cm 이하로 잔디 높이 조절 가능)를 식재한 전 세계 0.8% 미만의 프리미엄 코스입니다. 잔디는 마치 양탄자 위를 걷듯이 푹신한 느낌을 줍니다. 이곳이 하늘 코스인 이유는 언덕 위에 있어서 하늘이 파랗게 보이는 곳이 많고, 근처 인천공항에서 하늘로 이착륙하는 비행기가 아주 가깝게 보이는 코스이기 때문인 듯합니다. 당시는 골프 천재 소녀 미쉘 위(한국 이름 위성미)가 화제였던 때였습니다. 1989년생, 183cm 늘씬한 키에 서구적인 미모. 엄청난 장타력과 과감한 샷으로 골퍼들의 시선을 한눈에 끌었던 그녀가 스카이72 PGA 대회에서 7전8기로 남자 프로 컷오프를 통과한 것도 핫이슈였습니다. 하늘 코스에서 골프를 치는데 인코스 6번 홀 경사진 곳에 돌탑이 있고 늘씬한 여자 등신대 목상도 세워져 있었습니다. 그녀, 미쉘 위의 목상이었습니다. 뭔가 생각에 잠긴 키 큰 소녀의 표정! 순간 감동이 밀려왔습니다. 이 골프장은 유머만 있는 곳이 아니었습니다. 기억을 중시하고 스토리텔링도 있는 곳이었습니다. (그 뒤 미쉘 위는 오랫동안 부진했는데 2018년 HSBC 컵에서 우승해 여전히 잠재력이 있음을 입증합니다)

추억을 깨우는 골프장

그리고 시간이 흘러 주말 부킹 경쟁률 30:1을 뚫고 겨울에 또 갔습니다. 겨울에는 무엇이 있을까 궁금했습니다. 과연 놀라운 것이 있었습니다. 그늘집(코스 중간에 있는 휴게소 겸 간이매점) 대신 포장마차가 있고, 그 포장마차에서 붕어빵을 공짜로 먹을 수 있었습니다. 혁, 붕어빵? 어라, 공짜? 보통의 골프장 식음료는 레스비 캔 커피가 4,000원, 얇게 썬 수박 4쪽이 12,000원, 어떤 곳은 아이스 오미자차를 9,000원 받기도 합니다. 바가지도 이런 바가지가 없습니다. 그런데 여기 붕어빵은 공짜. '그럼 그늘집이 안 될 텐데' 싶어서 캐디에게 물어보니 "그늘집 너무 비싸요. 호호."라면서 자기도 붕어빵을 맛있게 먹습니다. 다른 골프장에서는 캐디가 손님과 같은 자리에서 음식을 먹지 못하게 하는데 여기는 그런 것도 없습니다. 돈 많은 사장님들이 치는데 겨우 붕어빵이라고요? 아니, 사람 그렇게

세계 유일 붕어빵 포장마차

보면 안 됩니다. 한 꺼풀 벗겨놓으면 다 사람입니다. 그 사람들도 어린 시절이 있었습니다. 그 시절 대부분은 가난했던 달고나, 붕어빵 세대 사람들입니다. 그들도 위로받고 싶고 지나온 것에 그리움이 있습니다. 원래는 여름에 아이스크림을 제공하다가 반응이 의외로 좋아 겨울에 뭘 줄까 생각하다가 붕어빵으로 정한 거랍니다. 처음엔 골퍼들이 "이런 싸구려를 주다니" 할 것 같아서 주저했다고 합니다. 그러나 붕어빵은 신의 한 수였습니다. 스카이72는 별명이 '붕어빵 골프장'으로 유명합니다. 많은 골퍼들이 이 붕어빵을 너무 좋아합니다. 그때 그들의 표정을 보면 아이와 같습니다. 붕어빵을 먹는 게 아니라 추억을 먹는 거니까요. 스카이72는 우리에게 20~30년 전 추억을 불러온 겁니다.

그 후 필자는 스카이72 팬이 되었습니다. 정장이 아닌 청바지를 입고 갔다가 망신을 당하고, 반바지를 입으면 왜 안 되냐고 하다가 눈총을 맞고, 비싼 그늘집에 늘 입이 튀어나왔던 필자에게 딱 맞는 스타일의 골프장이었습니다. 모 유통저널에 기고할 기회가 있었는데 글을 쓰는 중에 문득 '그곳에 가면 바람이 분다.'라는 제목의 시를 써서 삽입했습니다. 바람, 하늘, 붕어빵과 껄껄 웃는 사장님들, 미쉘 위 등신대, 버디송 이야기를 소재로 한 시입니다. 그러면서 마지막에 '이 바람은 세계로 가는 바람'이라고 적었는데 이는 너무도 차별화되고 유니크한 스카이72가 세계적으로도 유명한 골프장이 되어라는 바람을 담은 것이었습니다. 그러고 잊었다가 좀 아까운 생각이 들어서 스카이72 홈페이지 독자 투고란에 그 시를 보냈습니다. 그런데 뜻밖에도 며칠 후 홍보실에서 연락이 왔습니다. 방문해서 감사 사진을 찍고 싶다고. 고객 반응에 아주 민감하게 대응하는 모습은 프로다웠습니다. 그렇게 해서 장수진 당시 홍보팀장을 만나 사진을 찍고 유쾌하게 이야기를 하다가, 필자가 마케터에 싱글 골퍼인 것을 알고는 장 팀장이 얼마 후에 제안을 해왔습니다. 스카이72에 아마추어 골퍼들로 구성된 마케팅위원회를 만들어보고 싶은데 자신들이 기업과 마케팅을 잘 모르니 필자보고 대신 만들어달라는 거였습니다. 뜻밖이었습니다. 그런데 여러분이 기업 중역 마케터라면 이 제안의 수가 몇 개는 보이죠? 그런 곳이 스카이72였습니다.

* * *

위에 필자가 겪었던 일련의 과정들은 필자에게 '꼬리에 꼬리를 물고 가는 관계를 만들어라'는 교훈을 주었습니다. 골프장 서비스에 감동을 받고-그것을 시로 쓰고-홈페이지에 올리고-기업은 바로 대응하고-그것이 스카이72 마케팅위원회(MCC. 현재 위원 30명. 12년차)로 이어지고-결국엔 필자가 책을 내는 12년 관계까지 이어지는 과정은 깊이 생각해볼거리입니다. 한국 소비자는 기업이 이벤트를 하면 불만 후기가 더 많죠. 그래서 기업 담당자는 매사 무난하고 안전한 것만 추구합니다. 화끈한 재미가 없습니다. 그러니 한국의 서비스 질을 높이려면 욕만 하지 말고 잘하는 것은 잘한다고, 그리고 거기에 마음을 담아 피드백하길 바랍니다. 필자는 KT&G 마케팅 기획부장으로 2004년 5월에 '서태지와 상상체험단'이라는 해외 이벤트를 했는데 반응은 절반의 성공, 절반의 실패. 비난도 많았지만 응원의 편지도 많았습니다. 그래서 회사는 그 긍정 피드백에 힘입어 그 후 '온라인 상상마당', '홍대 앞 상상마당'으로 꼬리에 꼬리를 물고 프로젝트를 이어갔습니다. 이후 필자는 북서울 본부에서 '상콘(想con. 상상 콘테이너의 줄임말) 아카데미'를 만들었는데 그것이 확대된 것이 현재 전국에 누적 50만 대학생 회원인 'KT&G 상상 유니브' 입니다.

- 선구자는 꼬리에 꼬리를 물고 가기
- 수요자는 긍정 피드백을 아끼지 말기

그러면 어느덧 세상이 달라집니다. 스카이72가 그렇게 VOC를 중시하는 이유이기도 합니다.

골퍼가 아니어도 스카이72에
가봐야 하는 7가지 이유

골퍼가 아닌데 어떻게 골프장을 가냐고요? 실제로 필자는 마케터나 기획자, 공간 운영자들을 여러 차례 이 골프장에 초대한 적이 있습니다. 단체로 벤치마킹을 신청하거나 갤러리(Gallery. 골프 경기장에서 경기를 구경하는 사람)로 갈 수도 있습니다. 필자는 이 골프장을 골퍼든 아니든, 국민 자격이든 정책 입안자 자격이든 가능하면 많은 분이 체험하고 연구하길 바랍니다. 그래서 아직 못 가본 분들을 위해 그리고 가봤더라도 그 진수를 모르는 골퍼들을 위해 이 골프장에 가봐야 하는 이유 7가지를 전합니다.

1. 어!벤저스 골프장

〈어벤져스〉는 마블 스튜디오가 제작하고 월트디즈니픽처스가 배급하는 슈퍼 히어로 시리즈 영화입니다. 이 영화는 미국의 양대 만화 제작사인 마블 코믹스(2009년에 월트디즈니에 인수)가 창조한 5,000여 슈퍼히어로를 바탕으로 하고 있습니다. 이 슈퍼히어로들은 마블 유니버스라는 세계관을 공유하며 서로 연결되어 있습니다. 마블의 아버지로 불리는 만화가 스탠리와 동업자는 오래전부터 마블 코믹스를 대표하는 지구 최강의 히어로들을 한자리에 모을 구상(Avengers Assemble)을 했다고 합니다. 그 팀의 이름이 어벤저스(Avengers)입니다. 2008년 존 패브로 감독의 〈아이언맨〉을 시작으로 2012년 '어벤저스' 시리즈 1이 시작되었습니다. 2018년 현재 4까지 나왔죠. 이 영화의 매력은 여러 요상한 능력을 가진 히어로들의 속 시원한 복수와 구원의 활약입니다.

필자가 스카이72를 '어!벤저스 골프장'이라 칭하고 7가지 이유 중에 첫 번째로 꼽은 이유는 스카이72가 어느 골프장보다 더 골퍼들을 히어로로 대해준다고 생각하기 때문입니다. 뭔가 답답하고 안 풀리는 세상에 시원하게 복수하듯이 볼을 때리고 홀컵을 공략하라는 여러 배려를 보면 그런 의도가 확실히 보입니다. 이 골프장에는 '복수의 종'이 코스마다 설치되어 있고 이순신 장군의 장쾌한 복수를 다룬 영화 〈명량〉 이후로는 각 코스 17홀을 명량대첩 홀이라고 명명한 팻말이 걸려 있습니다. 전 홀에서 진 사람이 복수의 종을 치면 그 홀에서는 내기 금액이 배판이 됩니다. 그뿐이 아닙니다. 골프 약자, 그중에서도 퍼팅 약자도 시원하게 버디나

파를 하라고 빅컵홀을 만들고 골퍼들을 주눅들게 만드는 OB도 거의 없습니다. 세계에서 가장 큰 원형 연습장인 드림 레인지에서는 어깨가 빠질 정도로 볼을 날릴 수도 있습니다. 이것이 스카이72에 가야 하는 첫 번째 이유입니다. 우리가 히어로가 되어 속시원해지는 파격의 골프장.

2. 어!벤저스 – 역발상 퍼포먼스

'어!'라고 한 것은 놀라운 아이디어가 넘치는 골프장이기 때문입니다. 보통의 회원제 골프장은 하지 말라는 게 많습니다. 반바지 안 된다. 입으려면 무릎까지 오는 스코틀랜드 양말을 신어라. 쉿! 늘 조용해라, 들어올 때는 정장 재킷을 입어라 등등. 그게 매너라는 거죠. 처음에는 골프 치러 가는 건지 고급 사교장에 가는 건지 헷갈립니다. 그런데 스카이72에는 그런 것이 없습니다. 반바지, 청바지, 건빵바지 상관없습니다. 필자가 막걸리를 마셔본 첫 번째 골프장도 이곳입니다. 그전에는 서민 술이라 그런지 다른 골프장에서는 막걸리를 팔지 않았습니다. 그런데 이 골프장에서 막걸리를 파니 다른 데서도 팔기 시작했습니다. 한국의 벤치마킹 대상 골프장이라는 것이 증명된 겁니다. 작지만 엄청난 시도인 붕어빵(우습게 보지 마시길. 한 달에 평균 2,500만 원 비용이 들어감), 아이스크림, 청주와 어묵(미각에 일가견이 있는 김원재 부사장이 품질을 위해 직접 구매)을 공짜로 주는 것도 추억을 돋게 만드는 역발상 사례죠. 그늘집 매상보다 히어로인 골퍼들의 즐거움이 우선인 골프장의 진심 서비스입니다. 이러한 스카이72의 역발상 사례는 유머 퍼포먼스와도 연결되니 유머 장에서 더 다루겠습니다.

3. 웃음 천국

우리 사회는 많이 엄숙하죠. 웃으면 헤픈 사람, 싱거운 사람이라는 소리가 따라붙습니다. 그러나 이제는 좀 빵 터지는 유머 감각이 필요합니다. 그럼 세상이 즐거워지죠. CERI CEO 강연을 정리해서 쓴 〈유머가 이긴다〉나 〈유머가 능력이다〉, 〈1% 리더만 아는 유머 대화법〉 같은 책들이 인기인 걸 보면 유머는 분명히 대세입니다. 스카이72는 유머 경영으로 유명합니다. 그런데 그 유머는 천박하지 않습니다. 인문학적 베이스를 깔고 있습니다. 유머가 스카이72를 가봐야 하는 중요한 이유 중 하나인데, 이 유머는 내용이 많아 별도 장에서 다루겠습니다.

4. 글판 공간 운영

글판 마케팅, 이것은 스카이72의 비범함을 단적으로 보여주는 아이템입니다. 필자가 골퍼든 비골퍼든 모두에게 제일 먼저 보여주고 싶고, 실제로 마케팅이나 공간 운영을 하는 여러분을 초대해서 보여준 명품 서비스인데 이 역시 다음 장에서 자세히 다루겠습니다.

5. 수도권 골퍼들의 시간 패러다임을 바꾼 야간 경기

야간 경기는 뜨거운 낮을 피해 시원하게 즐길 수 있고, 또 하루를 두 개로 나눠 즐길 수 있는 장점이 있습니다. 새하얀 볼이 빛을 받으며 밤하늘을 가르는 장면은 정말 일품입니다. 그런데 기존의 골프장 야간 경기는 몇 가지 문제를 방치한 채 운영했습니다. 라이트 간 거리가 넓어 빛의 사각지대가 있었고, 그 결과 그림자 현상이 발생하고, 빗맞은 볼을 찾을 수 없어 로스트 볼이 많았습니다. 그렇다고 싼 것도 아닙니다. 불만이 많았죠. 필자가 알기로 기존의 골프장 야간 경기가 한 것은 벌칙을 완화(로스트 볼은 1벌타)하는 미봉책뿐이었습니다. 게다가 무슨 이유인지는 몰라도 명문 골프장들은 대부분 야간 경기를 하지 않습니다. 잔디 관리 어려움 때문이었을까요? 그러나 스카이72는 다른 발상을 했습니다. '정규 골프장을 새로 짓는 데는 700억 가까이 들고 새로 부지를 확보해야 하지만 기존 골프장을 이용하여 라이트 설치와 방충, 잔디 관리 등에 연 40억 정도만 투자하면 새로운 18홀 골프장을 짓는 효과가 있다.'라고 본 것입니다. 탁견입니다.

스카이72 야간 경기 시작은 2007년 4월부터였는데 이제는 스카이72의 또 하나의 명품이 되었습니다. GE가 조명을 설계했는데 세계 최고의 조도로 코스별 맞춤 조명과 눈부심 제어장치에 중점을 두었다고 합니다. 그린 400Lx, 페어웨이 200Lx, 티잉 그라운드 250Lx의 조도인데 당시 일반 골프장 100~120Lx에 비하면 훨씬 밝습니다. 그래서 '백야 골프'로 명했고, 수도권 골퍼들에게 새로운 골프 문화를 열었습니다. 퇴근 후 30~40분 이내에 골프장에 도착 가능해서 '나는 스카이72로 퇴근한다.'는 말까지 만들어졌습니다. 낮보다 한적하고 고요해서 골프에 더 집중할 수 있고, 초보자라도 눈치 볼 필요가 없습니다. 필자도 클래식 야간 경기를 쳐봤는데 정말 빛의 사각지대가 없습니다. 그날 에누리 없이 80타를 쳤습니다.

야간 경기는 3월에 시작해서 11월에 끝나는데 욜로와 워라밸을 추구

하는 최근 분위기와 주 52시간 근무라는 제도에 따라 골퍼들은 회식이나 노래방 대신 백야 라운드라는 새로운 문화를 향유하게 되었습니다. 연평균 내장객 약 75,000명이 찾는다니 거의 18홀 일반 골프장 내장객 규모입니다. 축구나 야구 등 다른 스포츠 공간들도 참고할 사례 아닌가요?

6. 캐디

문재인 대통령은 늘 "사람이 먼저다."라고 하는데, 이는 사실 무엇보다 서비스 산업에 잘 맞는 생각입니다. 서비스는 시설보다 사람이 중요합니다. 최근에 혹시 한국민속촌 가보셨나요? 워낙 많은 휴양 공간과 박물관이 생겨 이제는 한물간 것으로 인지되던 한국민속촌이 요즘 다시 뜨고 있는 이유는 시설이 아니라 연극을 하는 알바들의 힘이라고 합니다. 그 알바들이 아주 천연덕스럽게 마약 사또, 구미호 등의 재미난 플레이를 하고, 고객들은 SNS로 적극적인 홍보를 합니다.

 골프장에서 제일 많은 사람은 당연히 골퍼죠. 그래서 골퍼들이 어떻게 하느냐가 중요한데 그 골퍼들을 가장 오래 그리고 가장 가까이서 상대하는 사람이 캐디입니다. 한국의 캐디는 통상 골프장 직원이 아니라 계약 관계의 파트너로 학습지 회사에서 학습지 교사 같은 성격입니다. 캐디는 위키백과에 다음처럼 설명되어 있습니다.

 캐디(caddie): 플레이어의 클럽이나 클럽을 메고, 플레이에 대한 통찰력 있는 조
  언과 원활한 플레이가 될 수 있도록 도움을 주는 사람. 훌륭한 실력을 가진 캐디

는 골프 코스 내 장애물이나 조심하여야 하는 부분에 대해 플레이어가 최선의 플레이를 할 수 있도록 전략을 제시하기도 한다. 여기에는 코스 거리, 핀 위치와 클럽 선택 등이 있다. 보통 캐디는 회원제 클럽이나 리조트 소속은 아니며 독립적 계약 형태로 골프 클럽으로부터 어떠한 경제적 이득이나 혜택을 받지 않으나, 종종 다수의 골프 클럽 또는 리조트에서는 특정 캐디 프로그램을 운영하며 혜택을 제공하기도 한다. 유럽 대부분의 골프 클럽은 캐디 시스템을 운영하지 않으며, 아마추어의 경우 플레이어가 스스로 클럽 백을 메고 알맞은 클럽을 선택한다.

캐디는 최초의 여성 골퍼이자 매니아였던 스코틀랜드 여왕 메리 1세(1542~1587년)가 프랑스에서 골프를 칠 때 육군사관학교 생도들을 경호원 겸 캐디로 데리고 다녔는데, 이때 생도를 가리키는 프랑스어 카다(caddat)가 훗날 캐디로 되었다고 합니다(〈골프의 정신을 찾아서〉에서 인용). 지금 캐디는 경호원 노릇은 하지 않지만 캐디가 어떻게 하느냐에 따라 골퍼들의 그날 스코어와 기분은 많이 바뀝니다. 지금 한국에는 캐디가 3만 명이 넘고 지난해 기준 그들이 받는 연 캐디피가 8,426억 원이라고 합니다. 만만치 않은 서비스 직종이지요. 그런데 캐디가 경기 시간을 보채거나 클럽을 잘못 건네주고 거리와 방향, 라인 등을 잘못 말해주면 400~500만 주말 골퍼의 기분은 망가집니다. 그러면 라운딩이 즐거울 수가 없습니다. VOC(Voice of Customer)라고 있습니다. 콜센터에 접수되는 고객 불만 사항을 접수부터 처리가 완료될 때까지 처리 상황을 실시간으로 관리하고, 처리 결과를 지표화하여 평가하는 고객관리 시스템입

아시안 골프 어워드에서 스카이72 이정분 캐디가 베스트 캐디 상 수상

니다. 움직이는 VOC가 바로 캐디입니다. 마케팅 용어에 MOT(Moment of Truth)가 있습니다. 투우사가 소의 급소를 찌르는 순간을 의미하는 스페인 투우 용어 '모멘트 드 라 베르다드(Moment De La Verdad)'의 영문 머릿글자입니다. 말 그대로 '진실의 순간'이라는 의미인데 스웨덴의 마케팅 전문가인 리차드 노만이 처음 사용했고, 스칸디나비아 항공의 얀 칼슨 사장이 1987년 〈진실의 순간〉이라는 책을 펴내면서 널리 알려졌습니다. 소비자에게 있어 MOT는 제품 또는 서비스를 제공하는 조직과 어떤 형태로 접촉하면 발생하는데, 이런 결정적 순간들이 모여 소비자는 품질에 대한 만족도와 기업에 대한 이미지를 평가하게 됩니다. 정말 중요한 순간인데 그걸 누가 하겠습니까. 미국 〈슈퍼인텐던트 매거진〉은 캐디는 골퍼에게 ▲골프의 즐거움을 알려주고 ▲더 익숙해질 수 있게 도와줄 수 있다는 점에서 신규 골프 인구 창출에 도움을 준다고 말합니다. 20년 동안 100군데 이상 골프장에서 수백 명의 남녀 캐디를 만나 본 필자가 보기에 스카이72 캐디들은 특별합니다. 일단 그네들에게는 '캐디 10계명'이라는 특별한 계명이 있습니다.

스카이72 캐디 10계명

01 첫사랑을 만난 듯 설렘으로 고객을 만나게 하소서

02 어제 실연당한 분도 코스에서 웃게 만드는 웃음 바이러스 보균자 되게 하소서

03 한 분의 고객도 소홀함 없도록 마음속에 두 개의 눈동자를 더 주소서

04 코스와 구석구석은 내 옷장보다 훤히 꿰뚫게 하소서

05 제 시선의 끝이 늘 날아가는 공과 일치하게 하소서

06 '제주도 온(그린에 볼을 올리기는 했는데 홀컵에서 아주 멀리 떨어진 온)'마저도 홀

 컵으로 인도하는 야무진 손끝을 주소서

07 라인(그린의 기울기)뿐 아니라 고객의 마음까지 읽는 능력을 주소서

08 잘못을 지적하는 고객에게 감사의 마음을 갖게 하소서

09 고객의 클럽을 내 몸처럼 소중히 여기게 하소서

10 헤어질 때 다시 만나고픈 그런 캐디가 되게 하소서

　혹시 서비스를 하는 사업자나 공간 운영자라면 이 계명을 잘 응용해 볼 수도 있을 겁니다. 좀 우스갯소리이지만 여성 골퍼들은 1번 '첫사랑을 만난 듯 설렘으로 고객을 만나게 하소서' 계명을 못마땅해한다고 합니다. 왜 그러냐고 물었더니 "그럼 만약에 여자 골퍼들이 많고 캐디가 전부 남자인데 십계명 첫 번째에 '내 첫 여인을 대하듯이 설렘으로'라고 쓰여 있으면 남편들은 좋겠어요?"라며 치받는 답니다. 그렇군요. 그럴 수도.

　둘째, 스카이72 캐디들은 사전에 준비하는 용품이 40여 가지가 넘습니다. 보통 다른 골프장 캐디들보다 두 배 이상 많습니다. 이 용품은 스카이72가 제공합니다. 아래의 표는 캐디가 준비하는 프리미엄 케어 서비스 용품입니다.

　정말 많은 것을 챙깁니다. 플레이 중에는 골퍼들의 선행과 악행(?)도 기록합니다. 디봇(divot. 샷을 하면서 떨어져 나간 잔디 조각)을 수리하거나 벙커 정리를 잘하면 다음 부킹 시에 가점이 될지도 모를 일입니다. 초기

스카이72 프리미엄 케어 서비스

항시용품	의료용품	우천용품	하계용품	동계용품
롱티, 숏티	버물리 / 소독약	(미끄럼 방지) 면장갑	모기 방지 스프레이	가스난로
손톱깎기 / 손톱 정리기	소화제 / 에어파스	바람막이	모기 퇴치 팔찌	목, 손 토시
섬유탈취제	인공 눈물	방수 스프레이	부채	무릎담요
안경닦이 수건	일회용 알코올 솜	방수 지퍼팩	아이스박스	컬러 볼
스마트폰 충전기	정로환/진통제	타올	얼음 생수	텀블러
거리 측정기 전자 담배 충전기	치실/해열제			핫팩
친환경 소화기				

• 하늘이 무너져도 지켜 드리겠습니다. 골프 그 이상을 준비하는 스카이72

스카이72 캐디들은 버디송 등 다른 퍼포먼스도 했습니다. 그뿐이 아닙니다. 스카이72 캐디를 스타트 광장에서 만나면 가끔 "어머, 안녕하세요. 전에 두 번 제가 모셨었는데…"라고 합니다. 비회원제인데 나를 기억해주다니! 또 있습니다. 다음 에피소드는 필자가 직접 경험한 겁니다. 몇 년 전 오션 코스였습니다. 남성적이고 황량하고 바람도 세서 어려운 코스죠. 그날 동반자 중에 하나가 유난히 볼이 안 맞았습니다. 안 그래도 사업이 안 된다고 했었는데 염장 지를 정도로 안 맞는 겁니다. 골프는 팀 분위기가 중요합니다. 그 때문에 전체가 조심 모드로 변해 꿀꿀한데 30대 중반은

되어 보이는 캐디가 "사장님, 제가 노래 불러드릴까요?"라며 큰 목소리로 가수 배호의 '배신자'를 불렀습니다. 정말로 부르다니요! 우리는 박수를 치며 따라했습니다. 옆을 지나가던 카트에서도 브라보! 박수가 터져나왔습니다. 노래를 마치고 난 캐디가 동반자를 보면서 "사장님, 골프가 매번 잘 맞으면 뭐 하러 치겠어요. 안 맞을 때가 있으니 더 오기가 나고 재미있는 게 골프죠." 하는 겁니다. 그러자 동반자도 얼굴을 피더니 "맞아맞아. 인생도 그렇지 뭐. 노래 고마워요." 그리고 동반자는 유쾌하게 골프를 쳤습니다. 덕분에 우리도 기분이 좋아졌습니다. 이런 것은 시켜서 하는 것이 아닙니다. 골퍼를 히어로로 생각하는 스카이72 문화가 만드는 것이고, 그에 공명한 캐디가 진정으로 하는 것이죠.

7. 개척, 보존, 공유하는 자연

보통 골프장은 자연경관이 수려한 곳이 많습니다. 도시와 떨어져 경치가 좋은 숲, 산속, 호숫가나 강가, 바닷가 근처에 짓기 때문이죠. 그래서 여행, 소풍, 치유의 테마가 있는 곳이 골프장입니다. 필자가 가본 한국 골프장 중에 안양CC는 오래되어 울창한 숲이 좋았고, 경남의 남해CC나 태안 비치클럽 등은 바닷가를 보며 라운딩하는 즐거움이 특별했고, 강촌에 있는 제이드 팰리스와 춘천에 있는 라비에벨은 거친 느낌, 제주도 라온CC는 특별한 화산암과 보존된 천연 동굴이 일품이었습니다. 제주도 블랙스톤CC와 나인 브릿지는 잘 관리된 코스와 엄격한 회원 관리, 고급스런 클럽하우스 등으로 명성이 자자한데 인연이 닿지 않아 가보지 못했습니다. 그런데 이들 골프장은 자연을 변형시킨 것이 대부분입니다. 생태학 관점에서 보면 자연을 마이너스(-) 한 겁니다. 그곳 지역민이나 환경운동가들이 못마땅해하는 이유가 그것 때문이죠. 그런 점에서 스카이72의 자연은 특별합니다. 이곳의 자연은 '플러스(+) 자연'입니다. 왜 플러스냐고요? 원래 골프의 발상지인 스코틀랜드를 볼까요. 그들의 골프는 해안가 사구 같은 거친 황무지나 공유지에서 목동들에 의해 자생적으로 시작되었습니다. 그래서 지금도 코스 설계는 황무지에 잔디와 그린을 좀 얹는 정도로 최소화합니다. 나머지는 바람과 비, 햇빛이 코스를 완성해줍니다. 그래서 플러스 자연입니다. 스카이72가 천연 링크스는 아니지만 공항 건설을 위해 영종도 일대 용유도와 삼목도를 연결하면서 간척해 만든 골프장입니다. 그 척박함이 지금도 골프장 곳곳에 날것으로서의 자연을 그대로 드러냅니다. 특히 오션 코스와 하늘 코스가 그렇습니다. 니클라우스가 설계한 오션 코스는 군데군데 바위와 돌, 맨땅이 그대로 드러나 있고 긴 흙 벙커와 거친 물, 야생화와 억센 풀이 자연 그대로 있습니다. 게다가 바닷가에서 불어오는 거센 바람은 이 코스들의 자연성을 더해주죠. 스카이 72 사람들은 이 개척된 자연을 공들여 보존하고 있습니다. 풀, 꽃, 물고기와 물오리, 곤충들을 잘 보존하여 같이 공생하려고 합니다. 여러 골프장을 가보았지만 이 골프장만큼 자연 보존과 공생에 공을 들이는 곳은 보지 못했습니다.

그리고 또 하나, 놀라운 자연이 여기에는 있습니다. 바로 공유하는 자연입니다. 필자는 이런 멋진 자연과 광활한(보통 파4홀이면 길이 400여 미터로 축구장 3개 크기이니 한 코스에 18홀이면 평균 잡아 축구장 55~60개 크기) 느낌의 곳에 가끔은 비골퍼 어르신이나 어린이들이 와서 놀면 얼마나 좋아할까 생각하곤 했는데 스카이72는 이런 일을 하고 있었습니다. SK텔레콤 오픈 대회는 어린이 사생대회를 열어 그림도 그리고 쟁쟁한 프로들 샷도 보고, 포토존 샷이나 체험존에서 골프장을 체험할 수 있게 합니다. 스카이72는 페어웨이에서 어린이 달리기 대회도 했습니다. 글램핑 서비스도 시도했었죠. 또한 에코 소풍이라는 것도 했습니다. 오션 인코스(11번 홀) 2번 홀로 올라가는 비탈진 숲길에 곤충 호텔을 만들고 여

지역 어린이 초청 에코 소풍 장면

기에 지역 어린이 100여 명이 참가하여 생태 체험을 하는 프로그램입니다. 아이들은 여기서 새집을 만들어 설치하고 곤충들이 지낼 호텔도 만듭니다. 지금도 곤충 호텔에는 환하게 웃는 아이들 사진이 걸려 있습니다. 그곳을 지나는 골퍼들은 그 장면을 보면서 마을에 온 듯한 편안함을 느낍니다. 한 골퍼가 그곳을 지나다가 우연히 거기 걸린 사진을 보고 "어, 내 딸 아냐?" 하면서 감동했었다는 에피소드도 있습니다. 스카이72는 가족을 위한 페어웨이 영화제도 구상한 바 있었는데 아직 하지 못하고 있다고 합니다. 그러나 그런 공유의 생각만도 대단합니다.

이상 7가지 이유를 들었는데 천하의 디즈나 에버랜드도 이렇게는 못할 것이고 스코틀랜드의 세인트앤드루스 골프장, 미국의 명문 골프장 페블 비치도 이런 7가지는 없을 겁니다.

유머 천국

버나드 쇼, 마크 트웨인, 처칠, 그리고 풍자시인 김삿갓과 소설가 김유정. 이들의 공통점은 유머 감각이 뛰어나다는 점입니다. 처칠은 정치인으로서 어록도 많지만 유머 사례도 많습니다. 처칠이 수상 시절에 노동당 당수를 의회 화장실에서 만났습니다. 평소 독설을 일삼고 처칠을 공략하기를 즐기던 노동당 당수가 소변을 보고 있자 처칠은 그 자리를 돌아 멀리 떨어진 곳에 갔습니다. 노동당 당수가 "당신은 내가 무서운 거요?"라며 비웃었습니다. 그러자 처칠이 천연덕스럽게 응대했습니다. "당신은 큰 것만 보면 국유화하려고 하잖소." 그 후 노동당 당수는 매사 국유화하려고 하지 않았다고 합니다. 또 하나. 은퇴한 처칠이 자선 모금 파티에 갔습니다. 앞에 있던 한 귀부인이 얼굴이 빨개지더니 처칠의 남대문을 가리켰습니다. 지퍼가 열려 있었습니다. 다른 부인들이 얼굴을 돌렸습니다. 그런데 처칠은 천연덕스럽게 "죽은 새는 새장 문이 열려도 나오지를 못하지요."라고 했답니다. 주위가 빵 터졌습니다.

그런데 유머(humor)가 도대체 뭘까요? 국어사전에는 유머가 '남을 웃기는 말이나 행동. 우스개, 익살, 해학 등으로 순화된 명사'라고 정의하는데 그중 해학이 유머와 비슷합니다. 그러나 유래는 많이 다릅니다. 네이버의 문학비평용어사전에 다음과 같이 나옵니다.

> 해학은 한국의 유머라 할 수 있다. 유머는 중세에는 생리학 용어로서 개개인의 기질과 관계되는 네 체액(體液. 다혈질sanguine humor, 담즙질choleric humor, 우울질 melancholic humor, 점액질phlegmatic humor – 필자 첨가)을 뜻하였다. 이 단어가 '우습고 재밌는 것'이라는 뜻을 가지게 된 것은 18세기 이후부터이다. 원 뜻에서도 짐작할 수 있듯이 유머는 사람의 기질에 관련된 것이다. 이것은 언어뿐 아니라 태도, 동작, 표정, 말씨 등에 광범위하게 나타나는 것으로 이러한 점에서는 언어적 표현에 의해 웃음을 유발하게 하는 위트(wit)와는 구별된다. 또한 풍자나 조롱과는 달리 선의의 웃음을 유발하는 것으로 인간에 대한 동정과 이해, 긍정적 시선을 전제로 한다. 유머는 유희 본능과 관계하는 것으로 현실적인 위험이나 손해 없이 청중의 습관적 기대를 깨버릴 때 성립된다. 캐럴(L. Carroll)의 〈이상한 나라의 앨리스〉는 이러한 유머와 환상이 만나 만들어낸 작품이다.

이 설명문 중에서 밑줄 친 대목을 유심히 보기 바랍니다. 이것이 유머의 조건입니다. 그런데 글 말미에 〈이상한 나라의 앨리스〉라고요? 이상한 나라의 앨리스가 생각하기에 따라서는 골프와 관계가 많다는 걸 혹시 눈치 채셨습니까?

이상한 나라의 앨리스와 골프

〈이상한 나라의 앨리스〉는 대학교 학장의 딸인 앨리스 리델에게 캐럴이 들려주는 환상 동화입니다. 책은 회중시계를 보며 인간의 말도 하는 흰 토끼가 8살 소녀 앨리스를 동굴 속 세계로 안내하면서 시작합니다. 앨리스는 그곳에서 이상한 캐릭터들을 많이 만나는데 미친 모자 장수(Mad Hatter. 19세기 당시 모자 제조업자들이 모자 재료인 펠트를 처리하는 과정에서 사용된 다량의 수은이 정신 이상을 일으켰던 일에서 나온 말), 머리가 큰 여왕(언제나 '저 자의 목을 쳐라'라는 쇠된 말을 하는 독재의 상징), 채셔캣(시간과 공간 초월자. 치즈로 유명한 체셔 지방에서 간판에 웃는 고양이를 그리는 풍습에서 나온 '체셔 고양이 같은 웃음'이라는 속담이 기원), 3월토끼(발정기를 맞는 3월에 수토끼들은 아주 사나워진다), 장미 정원사(여왕의 장미 정원을 관리하는 2, 5, 7번 카드 정원사들. 빨간 장미 대신에 흰 장미를 잘못 심어 붉은 페인트칠을 함. 눈 가리고 아웅 하는 공무원) 등이 그들입니다. 원문에는 잘 표현되는 언어 유희도 관전 포인트입니다. 예를 들어 채셔캣이 불쑥 나타났다가 앨리스가 "너 정신없어." 하니 스윽 사라지는데 이때 앨리스가 "Was it a cat I saw?"라고 합니다. 일견 평범하죠? 그런데 이것을 거꾸로 읽어

보십시오. 똑같습니다. 아주 기발한 회문(앞뒤가 똑같은 글)이죠.

그런데 골프 시작도 원래 스코틀랜드 목동들이 야생 토끼를 쫓다가 심심풀이로 만들어진 스포츠입니다. 수백 년 전 어린 양치기 소년들이 토끼를 쫓던 놀이가 그 후 인류에게 엄청난 환상 스포츠를 만들어준 겁니다. 앨리스의 동굴 세계처럼 골프장에도 현실에서는 보지 못하는 캐릭터와 공간, 장비들이 많죠. 한 시간 정도 차를 달려 비밀의 문으로 들어서면 궁전처럼 보이는 클럽하우스, 예쁜 캐디와 시간을 관리하는 마샬, 드넓은 잔디밭과 무서운 벙커, 유혹하는 그린과 홀컵, 호수나 계곡, 강, 바다, 동굴, 기묘한 꽃과 거목들, 그늘집, 형형색색의 모자와 골프웨어, 카트 등 말입니다. 그 신비의 공간을 골퍼는 14개의 클럽을 들고 전사처럼 전진하며 게임을 합니다. 갑자기 사라지는 체셔캣처럼 눈앞에 보이던 버디의 꿈이 삽시간에 보기로 나타나고 현실에서는 힘센 사장님도 골프를 못 치면 자신의 눈물에 빠져 허우적거리는 앨리스처럼 작아질 뿐입니다. 젊은이와 사원도 골프장에서는 영웅이 되어 아너(Honor)를 받을 수 있습니다. 기막힌 역할 전도가 일어나는 환상의 세계라는 점에서 이상한 나라의 앨리스와 닮지 않았습니까? 골퍼는 그 순간만큼은 동굴로 간 앨리스가 됩니다. 거기다가 스카이72는 유머와 퍼포먼스로 정말 특별한 경험을 주죠. 프로이트는 "유머는 유아기의 놀이적 마음 상태로 돌아가게 하는 어른들의 해방감"이라고 정의했는데 골프장은 우리를 호기심 많은 여덟 살 소녀 앨리스로 돌려보냅니다.

영국 KFC와 사우스웨스트 항공 유머

이번에는 기업이 유머를 활용해서 위기를 벗어나거나 경영의 핵심 가치로 활용한 두 사례를 보겠습니다.

먼저 카드뉴스 전문 사이트 '티타임즈'에 소개된 위기 반전 사례입니다. 2018년 2월 말 KFC가 영국과 아일랜드 매장 900개 중 600곳 이상을 문 닫은 사건이 발생했습니다. 치킨 재료가 떨어진 겁니다. 고객의 항의가 빗발쳤습니다. 치킨 재료가 떨어진 이유는 새로 닭고기 배송을 맡은 D사의 창고 시스템에 이상이 생겨서 발생한 것으로 밝혀졌습니다. KFC는 일단 빠르게 일간지에 전면 사과문을 실었습니다. 그런데 치킨을 담는 종이 박스에 FCK라고 대문짝만하게 썼습니다. 영어로 FUCK으로 읽히겠죠. 그리고 다음 글을 실었습니다. "죄송합니다. 치킨이 떨어졌네요. 치킨 집에 말이죠. 결코 이상적인 상황일 수 없군요." 고객들은 욕을 스스로에게 하는 KFC의 광고에 매료됐습니다. KFC는 잇따라 사과 광고를 냈습니다. "치킨이 출발하긴 했어요. 우리 레스토랑 방향이 아니라서 문제지만요.", "몇 마리 치킨이 길을 건너오고 있습니다. 하지만 대부분 펠리컨이 먼저 지나가기를 기다리고 있는 상황입니다. 우리와 함께 조금만 더 굳건히 버텨주십시오." 시민들 반응이 점점 올라갑니다. 급기야 이런 광고도 나옵니다. "Q. 너희에게 우리가 바란 건 한 가지였는데 그걸 실패하니? 어떻게 치킨 집에 치킨이 떨어질 수 있니? A. 네, 압니다. 죄송합니다. 배송 회사를 바꾼 게 밸런타인데이였는데 큐피드 화살이 우리를 빗겨갔네요. 간단히 말하면 우리는 매장도 있고 치킨도 있는데 이 둘을 만나게 하는 데 어려움을 겪고 있습니다."

이 유쾌한 대응에 언론은 '위기 관리의 마스터클래스'라는 찬사를 보냈고 KFC 충성 팬이 더 확보되었다고 합니다. 최근에 한국에 이런 류의 위기를 겪은 기업이 몇 개 있는데 유머 대응은 없었습니다. 사과 지연, 궁색한 변명, 희생양 만들기 등으로 화만 키웠습니다. 안타깝습니다. 유머는 사람을 유쾌하게 만드는 힘이 있습니다. 풍요가 인프라가 된 시대에는 사람들이 유머를 좋아하는 경향이 있습니다. 유쾌해지면 지갑을 더 잘 열죠. 발상이 좋고 태도가 긍정적이어야 좋은 유머가 나옵니다. 만일 어떤 기업의 유머 지수가 높으면 그 회사에 투자해도 좋을 겁니다. 기업 문화가 긍정적이고, 직원들의 자율성과 다양성 지수가 높고, 아이디어가 샘솟는 기업일 테니까요. 그런 미국 기업 사례를 보겠습니다. 그 기업은 유머가 경영 핵심 가치입니다.

퍼시픽 사우스웨스트 항공(PSA)은 캘리포니아 주 샌디에이고에서 1949년부터 1988년까지 운행했던 1세대 저가 항공사입니다. 켄 프레이드킨이 아내와 함께 설립했습니다. 이 항공은 '긴 다리와 짧은 밤(Long Legs and Short Night)'이라는 선정적인 슬로건을 내세울 정도로 파격적인 스튜어디스 의상으로 유명하기도 했습니다. PSA 항공은 평소 유머로도 유명한 기업이었습니다. 켄 프레이드킨은 조종사와 스튜어디스가 하와이언 셔츠를 입고 승객과 농담을 할 것을 권장했고, 기업 슬로건 또한 'Catch Our Smile'이며 항공기 앞부분에 미소를 그린 디자인을 하는 등 항공기를 유머러스하게 꾸미기도 했습니다. 이 회사는 후에 아메

리칸 항공에 인수됐는데 이를 벤치마킹한 회사가 있습니다. 기발한 유머 경영으로 유명한 사우스웨스트 항공입니다. 여객운송 부문 세계 3위입니다. 1971년 첫 운항한 사우스웨스트 항공은 텍사스 주 댈러스에 본사가 있는데 보잉737 한 기종만 있고 저가 원스톱이 핵심 비즈니스 모델입니다. 가격을 낮추기 위해서 피넛을 제외하고는 기내식 서비스 등을 다 없 앴습니다. 승객들은 심심하겠죠. 창업자 허브 켈러허는 이를 유머 경영으로 보충합니다. 책 〈NUTS! 사우스웨스트 효과를 기억하라(케빈 프라이버그, 재키 프라이버그 저)〉에는 이런 유머가 나옵니다. "흡연하다가 들키면 어떤 조치를 취하는지 잘 아시지요? 비행기 날개 위로 나가 영화 〈바람과 함께 사라지다〉를 관람하도록 조치됩니다." 유머 사례로 많이 인용되는 기내 방송 멘트입니다. 책 제목에 나오는 '너츠(nuts)'는 미친, 파격적인, 기발한, 열광한다는 의미로 쓰이는 미국식 구어이면서 사우스웨스트에서 기내식 대신 제공하는 '피넛'의 줄임말이기도 합니다. 사우스웨스트 항공에서 너츠 마인드는 다음과 같습니다.

- 고객은 두 번째라고 생각한다.
- 회사의 주요 법률 문제를 팔씨름으로 결정한다.
- '우리 회사에서는 반바지를 입고 출근해도 무방합니다.'라고 광고한다.
- 회사 정책을 수립하기보다 파티 계획을 짜는 데 더 많은 시간을 쓴다.
- '혼자서 다 해치우는' 리더십은 과거의 유물이라고 생각한다.

경영의 핵심은 인사죠. 이 항공사는 유머 감각이 있는 사람을 고용하는 인사 원칙을 가지고 있습니다. 이런 유머 감각은 이해관계가 얽힌 항공사 회장과 법정 싸움 대신 팔씨름으로 단판 내는 광고, 항공기에 범고래 모양의 페인트칠하기, 기내 여승무원이 트렁크 속에서 갑자기 튀어나오는 깜짝쇼 등으로 표출됩니다. 이러면 비용을 많이 들이지 않고 유머러스한 아이디어로 회사를 홍보할 수 있죠. 사우스웨스트는 세계에서 가장 안전한 항공사로 평가받으면서 낮은 직원 이직률, 서비스, 정기 발착 등의 분야에서 상위를 기록하고 있으며, 〈포춘〉지가 선정하는 미국 내에서 가장 일하기 좋은 10대 기업에 두 번이나 뽑히기도 했습니다. 이 책 제목인 '사우스웨스트 효과'란 양질의 서비스 제공과 저가 정책 고수라는 모순을 동시에 해결하고자 한 전략이 항공업계 게임의 룰을 바꿔놓은 현상을 말합니다. 그 외 이케아, 하이네켄, 영국의 버진 그룹 등도 유머 퍼포먼스가 뛰어난 회사입니다. 한국도 유머 사례가 늘고 있습니다. 마약 사또, 구미호 아이템 등으로 잘 알려진 한국민속촌, 2017년부터 현대백화점과 춘천마임축제가 공동으로 운영하는 수트맨 & 수트걸, 웃음 약국 프로그램, 사내 웃음 백일장을 하는 배달의 민족 등이 그들입니다. 이들은 좋은 현상들이지만 그럼에도 아직 한국의 유머 경영 사례는 너무 부족합니다.

백돌이 칸, 버디송부터 광복절 퍼포먼스까지

그럼 이제 스카이72의 낮도깨비 같고 청량한 샘물 같은 유머 경영 사례

66

를 볼까요. 일단 회사 슬로건이 "골프에서 펀(Fun)을 발견하라."라는 것은 이미 말했습니다. 이 골프장 남자 목욕탕에 들어가면 사우나 칸에 싱글 칸과 백돌이 칸이 적혀 있습니다. 백돌이 칸이라니! 가뜩이나 못 친 사람 부아 돋는데, 사실인지는 모르나 그 칸에서는 물이 쫄쫄 나오다 안 나오다 한답니다. 빵 터집니다. 주말 골퍼들이 제일 원하는 게 싱글 입문과 버디일 겁니다. 골프장 초기에 버디송 퍼포먼스도 그래서 나온 거죠. 이 버디송은 나중에 더 발전합니다. 네 가지 버전의 버디송이 나오더니 급기야 버디송 전문 캐디제를 만든 겁니다. 필자가 하늘 코스에서 운 좋게 버디를 했더니 캐디가 갑자기 어딘가 전화를 합니다. 어디선가 카트가 달려오더니 생기발랄한 캐디 두 명이 나와서 율동과 함께 버디송을 불러 줍니다. 재미있었는데 이 프로그램은 얼마 후에 중지되었습니다. 아마 캐디들이 이것은 자신들의 일이 아니라고 했던 것 같습니다. 그러나 여기서 그치면 그건 스카이72가 아닙니다. 핵심은 송이 아니라 버디 축하 프로그램입니다. 골프장은 버디의 즐거움을 다르게 더 파고들었습니다. 골프장 각 9홀마다 빅홀컵을 만든 겁니다. 보통 홀컵보다 두 배 이상 큽니다. 빅홀컵이 나타나면 골퍼들은 '이번에야말로 버디를!' 하지만 버디는 깐깐한 미녀 같습니다. 이 빅홀컵은 주말 골퍼들에게 어떻게든 즐거움을 주겠다는 역발상이기도 합니다. 이 시도에 "이게 골프장이야?" 하며 더러 역정 내는 정통파 골퍼도 있지만 훨씬 더 많은 골퍼들이 좋아합니다. 몇 년 전에는 이색적인 이벤트 데이가 있었는데, 오션 코스의 아주 어려운 파3홀에 홀컵을 무려 7개나 만들어놓은 겁니다. 물론 그날 하루만. 자기

버디송 세레모니

빅홀컵

볼에서 가까운 홀컵에 넣으면 홀인으로 인정됩니다(여기서 홀인원을 하면 보험사에서 홀인원 보상을 해줄지?). 스카이72 곳곳에 걸린 글 광고도 걸작인데 그것은 어록 편에서 따로 다루겠습니다.

직원들 스스로의 유머 퍼포먼스도 점점 진화하고 있습니다. 처음에는 쑥스러워하던 직원들이 추석이나 설날에는 연습 코스장에서 대형 윷으로 윷놀이 판을 벌이고, 종업원들이 춘향과 이도령 복장을 하고 서비스하기도 합니다. 싸이의 강남스타일을 패러디한 '스카이72 스타일' 동영상도 만들었습니다. 이 영상은 사장님 이하 사무실 직원, 카운터, 캐디 등 다양한 직군 직원들이 참가해서 찍은 건데 유쾌함이 뚝뚝 듣습니다. 다른 회사 같으면 직원들이 그런 아이디어를 내면 "장난하지 말고 일이나 해" 하겠지만 스카이72 스타일은 다릅니다. 이는 지오바이 쉬우마 런던 예술대 교수가 '예술경영 기반 가치 맵'에서 예술경영 9단계를 그린 것처럼 처음에는 예술이 단순히 유흥이나 유희 수준(Entertainment)이지만 점점 학습과 능력 개발, 관계 강화 과정(Networking)을 거치다가 종국에는 조직 사고와 문화, 행동의 변화까지 탈바꿈(Transformation)하게 되는 예술경영 과정을 연상케 합니다. 기업 리더들에게 있어서 직원들이 탈바꿈한다는 것은 정말 꿈의 경지죠. 그런데 2017년 8월 15일 광복절에 라운드를 한 분은 이런 조직문화 탈바꿈의 놀라운 경험을 했을 겁니다. 유관순 복장을 한 젊은 여성과 중절모에 회색 한복 정장을 입은 남성이 태극기를 들고 대한민국 만세를 부르며 도시락을 나눠주는 깜짝 이벤트를 한 겁니다. 이봉창, 윤봉길 의사의 도시락 폭탄을 기념한 코스프

레입니다. 카운터 직원들이 며칠 전부터 회의하더니 스스로 한 일이랍니
다. 상상이나 할 수 있을까요? 그러니 필자가 제목을 '한국을 깬'이라고
하는 겁니다. 여기서 '깬'의 의미는 일차적으로 '부수다'라는 뜻의 Break
도 있지만 또 하나는 '잠을 깨다, 깨우다'라는 Wake의 중의적 뜻입니다.
우습게 보거나 그냥 지나치지 않고 보면 이런 사례는 정말 한국을 깨고
(Break), 깨운(Wake) 사례 아닐까요?

직원들도 자신이 단순히 월급쟁이가 아니라 스스로를 퍼포먼서나 배

광복절 퍼포먼스

우로 생각하면서 새로운 재미를 느낄 겁니다. 보험, 자동차 판매, 폼만 잡는 대학교, 백화점 영업, 공원 관리부터 거리·상권 재생 프로젝트하는 분들은 이 퍼포먼스에서 뭔가 느끼기를 바랍니다. 그것이 이 책을 쓴 이유 중의 하나입니다. 전국에 스카이72 유머와 역발상, 재미난 퍼포먼스 스타일이 넘쳐나면 한국은 반드시 탈바꿈합니다. 할인마트에 손님을 뺏겨서 울상인 자영업자님들이 호빗이나 모자 장수, 체셔캣 콘셉트의 복장을 하고 장사를 해보면 어떨까요? 그런데 여기서 조심할 게 하나 있습니다. 스스로 즐기는 기질을 만들어야 한다는 겁니다. 예전에 제주도를 오가는 민간 항공사에서 사우스웨스트 항공 흉내를 낸다고 뭔가 퍼포먼스를 했던 기억이 나는데 전혀 웃기지 않았습니다. 기내 스튜어디스 얼굴이 너무 뻣뻣했기 때문입니다. 자기를 너무 대단하다고 생각하지 마십시오. 타인을 히어로로 만들어 즐거워할 것만 상상한다면 내가 좀 무너지면 어떻습니까?

인생까지 생각하게 만드는
스카이72의 어록

"골프는 치면 칠수록 인생이고, 인생은 살면 살수록 골프 같다."라고 할 만큼 골프는 우리네 인생과 닮았습니다. 필자도 골프를 칠수록 그걸 느낍니다. 그래서인지 골프에는 새겨들을 명언이 많습니다. 몇 개만 볼까요.

- 주위 환경을 즐겨라. 바람을 싫어하면 바람으로부터 싫어함을 받는다.
- 지나간 나쁜 샷과 똑같이 지나간 좋은 샷도 모두 머릿속에서 지우고 목전의 샷만을 플레이하라.
- 당신이 가장 지기 싫어하는 사람은 당신을 항상 이기는 사람이다.

골프를 좀 아는 사람을 깨우치는 다음 같은 유머도 있지요.

- 유명 브랜드의 새 공일수록 물에 더 잘 빠집니다. 비싼 공일수록 물과 더 친하
거든요.
- 골프 하수일수록 자기 자신을 더 훌륭한 골프 선생으로 모신다.
- 이 세상의 파3홀은 굴욕을 주기 위해 존재한다. 파3 거리가 짧을수록 굴욕의
확률은 더 높아지게 되어 있다.

칡을 씹듯 씹어보면 다 깨달음의 단물이 나오는 말들입니다. 이런 어
록들과 관련해서 스카이72의 다름을 말해보려 합니다.

스카이72를 사랑하는 이유는 다 다를 겁니다. 앞에 스카이72를 꼭 가
봐야 하는 이유로 꼽은 7개 중 어떤 분은 "나는 유머 감각이 좋아", "나는
야간 경기", "나는 고객을 챙겨주는 마음", 또는 어떤 분은 "나는 센 바람,
바위, 억센 풀 등 자연의 날(Raw) 풍경이 너무 좋은데"라고 할 겁니다. 일
년 대부분 푸른 잔디를 꼽는 분도 있을 겁니다. 필자는 개인적으로 그중
에서 골프장 곳곳에 있는 글판과 어록을 제일 좋아합니다. 이 글판은 확
실히 다른 골프장들과 차별화될 뿐더러 공원이나 백화점, 그리고 서울의
서촌이나 이태원 경리단길, 최근 뜨는 연트럴 거리 등의 마케팅에도 응용
될 여지가 큽니다. 즉 한국의 사회 자산이라는 말입니다. 필자가 신내IC
근처에 있는 서울의료원을 갔더니 입구 건물 전면 벽에 크게 다음 같은
글판이 있었습니다. "가끔은 사랑한다는 말보다 좋아 죽겠다는 표정이 더

좋아요." 눈에 팍 들어왔습니다. 좋은 시도입니다. 병에 대한 예방의 말도 좋지만 우리가 아픈 것은 사랑을 놓쳐서, 그것을 표정으로 드러내지 못해서일 수도 있잖습니까.

글은 우리가 눈으로 보는 이미지와는 다른 메시지를 보내는 역할을 합니다. 요즘 TV 화면 등에 재치 있는 자막 메시지가 뜨는데 영상이나 대화가 주는 의미와는 다른 메시지가 나타나죠. 지금 세대는 그런 자막 메시지에 익숙합니다. 그걸 스카이72가 먼저 한 거지요. 골프장 각 홀은 거대한 스크린이고 이런 글판들은 거기에 쓰인 자막인 겁니다.

한글을 만든 나라는 마케팅도 달라야

10여 년 이상 기업 예술 교육을 해온 팀버튼 그룹의 김우정 대표는 평소 통찰력 식당을 만들어보겠다고 했었습니다. 그 식당은 레시피가 아이디어 또는 기업 운영의 통찰입니다. 통찰력이라면 시대의 맥을 잘 본 겁니다. 재치와 통찰이 요즘 콘텐츠의 화두니까요. 그 식당은 2018년 6월 한남동에 개업을 했는데 상호가 '생각 식당'으로 바뀌었습니다. 언론사 인터뷰도 많이 했고 생각보다 많은 사람이 찾아서 김 대표도 놀란 모양입니다. '물건이 아니라 생각을 팔겠다.'는 이런 시도는 한국이 바뀌고 있다는 시그널입니다.

스카이72 글에는 골프와 인생 통찰이 있고 거기에다 빵 터지는 재치가 있습니다. 그래서 필자 책 〈생각 좀 하고 말해줄래〉에서도 손석희 앵커 브리핑보다 먼저 스카이72의 글판 마케팅을 사례로 올렸습니다. 한글을 만든 나라이니만큼 한글날만 만들 게 아니라 글 마케팅을 하는 것은 너무도 자연스러운 한국만의 스타일 아닐까요? 돈과 명예, 섹스 이상으로 글은 사람을 움직이는 힘이 있습니다. "배가 항구에 있으면 안전하지만 그것이 배의 존재 이유는 아니다." "사막이 아름다운 건 어딘가에 샘물을 감추고 있어서 그래." "망치를 든 사람에게는 모든 것이 못으로 보인다." "이 또한 지나가리니." "내려올 때 보았네. 올라갈 때 못 본 그 꽃." 얼마나 사람을 움직이는 말이던가요. 혹시 광화문 거리에서 다음 글을 본 적 있습니까?

"자세히 보아야 예쁘다.

오래 보아야 사랑스럽다.

너도 그렇다."

"사람이 온다는 건

실은 어마어마한 일이다.

한 사람의 일생이 오기 때문이다."

"대추가 저절로 붉어질 리는 없다.

저 안에 태풍 몇 개.

천둥 몇 개, 벼락 몇 개."

각각 시인 나태주(풀꽃), 정현종(방문객), 장석주(대추 한 알) 시에서 따온 글로 25년째 교보생명 본사 외벽을 장식해온 '광화문 글판'에서 시민에게 가장 많은 사랑을 받은 시구들입니다. 정호승(풍경 달다), 도종환(흔들리며 피는 꽃)도 많은 사랑을 받았습니다. 이 글판을 배경으로 사진을 찍는 모습은 이제는 꽤 익숙한 풍경이죠. 사람들은 외롭거나 힘들 때 광화문 글판이 다시 일어설 힘이 돼 준다고 말합니다. 지금 N포 세대 청년, 스타트업들이라면 장석주 시인의 '대추 한 알'이 가슴을 울릴 겁니다. 스카이72 임직원들에게 나태주, 정현종 시인의 글은 또 다른 울림을 줄 겁니다. 자연과 사람을 보는 마음은 어때야 하는가? 골퍼가 온 것이 아니라 한 사람의 일생이 온 것이라고 자각해라. 그리고 골퍼들은 장석주 시대로라면 스카이72 골프장 곳곳에 비치된 요상한 것들이 그냥 만들어질 리 없다는 것을 알아두면 좋을 겁니다. 이 정도 격은 아니지만 요즘 글로 관심을 모으는 광고는 '배달의 민족' 편일 겁니다. "브리또도 우리 민족이었어." "쌀국수도 우리 민족이었어." 이런 시리즈는 재미는 있는데 우리 민족의 정의가 도대체 어디까지인지 궁금하기는 합니다. 그 회사 백일장에서 뽑은 "박수칠 때 떠나라 -회-", "할머니는 음식은 못 드시고 나이만 드신다." 등도 재치는 있는데 인생의 명암을 통찰하는 내공이 좀 약합니다. 반면 다음 글을 보시죠.

"내가 죽으면 골프장에 묻어주오. 그래야 남편이 매주 찾아줄 것 아니겠소?"

– 어느 골프광의 아내

76

재치가 느껴지면서 인생의 페이소스도 느껴집니다.

"미스 샷은 뒤 팀 사람들까지 구경하지만, 오잘공은 동반자들도 한눈을 팔고 있다."

사람들의 어깃장 심리를 날카롭게 포착한 말이죠. '오잘공'은 오늘 제일 잘 친 공이라는 뜻입니다.

"골프를 잘 치면 지갑이 좋아하고, 골프를 못 치면 동반자가 좋아한다."

세상을 좋은 쪽으로 보는 긍정적 시각이 잘 드러난 표현입니다.

"티샷 볼이 7번 클럽 거리에 놓이면 불행이 시작된다."
"프로는 그린에 가까이 갈수록 긴장하고 초보는 드라이버 잡을 때 긴장한다."
"왼쪽으로 가면 훅, 오른쪽으로 가면 슬라이스, 그럼 가운데로 가면? 기적."
"초보는 걱정한 데로 가고, 고수는 친 데로 가고, 프로는 본 데로 간다."
"골프는 여행가방 같다. 너무 많은 것을 집어넣으려고 한다."

이런 글들은 골프뿐만 아니라 경영자의 마음가짐, 머피의 법칙(1949년 미국의 에드워드 공군 기지 머피 대위가 사용. 그는 "어떤 일을 하는 방법에는 여러 가지가 있고, 그중 하나가 문제를 일으킬 수 있다면 누군가는 꼭 그 방법을 사용한다."는 말을 했는데 사람들은 일이 꼬이기만 할 때 이 말을 씀. 반대로 일이

오션 코스 15번 홀, 17번 홀 맵사진. 홀 맵 및 유머글이 재미있다

잘 풀리는 것은 영화 〈해리가 샐리를 만났을 때〉에서 유래한 '샐리의 법칙')에 시달리는 우리네 인생에도 적용이 가능한 어록입니다. 이런 글들이 코스 내 홀 맵, 화장실 등에 걸려 있는데 읽다 보면 싱긋이 웃다가 절로 고개를 끄덕이게도 됩니다. 돈도 들지 않고 타 골프장과 확연히 차별되고, 또한 골프장의 진정성과 격을 높여줍니다. '진정성(Authenticity)'은 서울대 경영학과 김상훈 교수가 마케팅 뉴패러다임으로 꼽을 정도로 요즘 다시 화두입니다. 〈이성 설득 전략(남인용, 정승혜 저)〉에 소개된 내용에 따르면 하버드 비즈니스 스쿨의 제임스 길모어와 조지프 파인 2세는 2007년 저서 〈진정성의 힘(Authenticity: What Consumer Really Want)〉에서 진정성은 "이익을 창출하기 위해 고안되거나 조성되지 않은, 자체의 목적을 위해 존재하는 고유한 형태"라고 했습니다. 그렇다면 스카이72의 진정성은 하지 않아도 될 일을 기꺼이 하는 이런 글판 광고에서 드러난다고 봐도 무방합니다. 또한 글판 마케팅은 한글을 만든 세종대왕의 후예다운 것으로 세계에 내놓을 만합니다. 이상봉 패션 디자이너가 파리 컬렉션에서 주목받은 것도 한글 캘리그라피 작품이었습니다. 뭔가 의미를 찾는 습관이 약해진 우리들에게 생각 파워를 키워줄 수도 있습니다. 이와는 반대로 일부 골프장 로비에 가면 골프와는 상관도 없는 고가의 미술품이나 조각을 전시하는 경우를 봅니다. 그것을 볼 때마다 여기가 미술관인지 골프장인지 착각하게 됩니다. 광고 중에 "옷값은 옷 만드는 데만 들어가야 합니다."라는 유명한 말이 있죠. 그겁니다. 골프장은 골프와 골퍼의 마음에 올인해야 합니다. 한국 골프가 서민들에게 위화감을 만들어 골프 자체를 적

대시하게 만드는 이유 중 하나가 거기에 있습니다.

　이 대목에서 여러분도 아마 궁금해질 겁니다. '그럼 이 글들을 도대체 누가 쓴 거지' 하는 궁금증 말입니다. 필자 역시 10여 년 내내 궁금한 게 그것이었습니다. 필자는 웬만하면 원저자를 묻는 습관이 있습니다. 같은 글쟁이로서 궁금한 것도 있고 원저자에 대한 존중(Honor)을 바치기 위해서입니다. 한국의 슬로건을 '크리에이티브 코리아'라고 했었는데 그러려면 원저자를 실명화하고 사회적 대우를 해주는 것이 맞습니다. 과연 그는 누굴까. 남성, 여성? 30대, 40대, 50대? 골퍼, 비골퍼? 전문 글쟁이, 아님 모방 내지는 절묘한 편집자? 필자 추측은 40대 초반의 남성으로 골프를 80대 정도 치는 무명의 카피라이터였습니다. 그러던 필자가 마침내 강릉에서 그를 만났습니다.

골프의 정신을 찾아서
180일

결혼하자마자 180일 동안 유럽 골프장을 여행한 부부가 있습니다. 무려 82개의 유럽 골프장을 다녔습니다. 이틀에 한 번 꼴로 골프장을 찾은 셈인데 유럽 골프장 지도를 그려가며 찾은 게 아니라 골프 발상지 루트를 따라가다가 게스트하우스 주인 등에게 물어서 그냥 스토리가 있는 지역 골프장을 찾아갑니다. 세계적인 명문 골프장도 예약 없이 찾아갑니다. 다른 때 같으면 당연히 거절이지만 운이 좋으면 기회가 오고, 또 이 부부의 사연을 들은 매니저가 즉석에서 자리를 만들어주기도 했습니다. 잉글랜드, 아일랜드, 스코틀랜드 등에서는 거의 매번 비바람을 뒤집어쓰며 골프를 쳤습니다. 귀국 후 부부는 5년에 걸쳐 책을 썼습니다. 다음은 그 책 서

〈골프의 정신을 찾아서〉 책 표지

문의 일부입니다.

〈골프의 정신을 찾아서: 유럽 골프 인문 기행〉은 유럽 골프 코스 일주를 기록한 책이다. 저자들은 골프의 근원적 매력과 정신을 느끼고자 180일간 런던에서 포르투갈 호카 곶 유럽의 땅 끝까지, 유럽 15개 나라를 넘나들며 82개 골프 코스를 돌았다. … 유럽의 문화와 유럽인의 삶 속에서 오래된 은행나무처럼 한 자리를 차지한 '골프 문화'를 들여다본다. 100년이 넘은 히코리 골프채로 라운드할 수 있는 현존하는 가장 오래된 골프 코스인 스코틀랜드의 '머셀버러 링크스', 자율적으로 그린피를 내는 모습에서 복지 국가 덴마크의 면모를 엿볼 수 있었던 '코 펜하겐 골프 클럽'….

이 부부 중에 필자가 찾았던 주인공이 있습니다. 2018년 6월 20일 강릉IC에서 가까운, 앞이 탁 트인 넓은 정원에 키 큰 적송이 들어찬 한옥 카페 나인에서 그를 만났습니다.

이경화, 여성, 최저타 84타

화장은 안 했어도 친절하고 시원한 인상의 미인입니다. 30대 후반 정도로 보입니다. 말을 나누다 보니 그녀가 필자를 기억합니다. "예전에 어떤 고객이 회사 온라인 VOC에 시를 보냈대요. 장수진 홍보팀장이 찾아갔다고 들었는데 얼마 후에 그 인연으로 마케팅위원회를 만들었다고. 이렇게 만나네요." 그리고는 그녀의 600여 페이지 두꺼운 골프 여행기 책을 저에게 선물합니다. 반갑습니다. 반가워.

그녀는 2002년에 골프 회원권을 매매하는 에이스에 입사했습니다. 글 쓰는 것 별로고 책도 잘 안 읽는 사회 초년생. 처음에 인터넷 관리를 맡았는데 다양한 동호회 회원 수천 명을 상대하는 일이었습니다. 그들이 다 골퍼이기 때문에 그녀도 골프를 배웁니다. 회원들은 대부분 50대의 기업 중역들이거나 회사 대표들이어서 20대인 그녀는 그들을 상대하기가 버거웠다고 합니다. 그 무렵 '고도원의 아침편지'를 보고는 자신도 '경화의 매일 아침'이라는 글을 매일 인터넷 동호회에 띄웁니다. 사회 초년병으로서 자신의 일상과 애환을 진솔하게 썼는데 답글이 수천 통 이상 올라왔다고 합니다. "진심이 통했던 것 같아요. 사회 선배로서 격려와 조언의 글이었어요. 골프 치는 분들 중에 좋은 분들 많아요." 당시 에이스 사장이 현재 스카이72 김영재 대표였는데 그가 자신의 메일 글에 주목했던 것 같다고 합니다. 2년 후 김 대표가 스카이72 사장이 되고는 수시로 전화를 걸어와서 글을 써달라고 해서 어쩌다 스토리텔러가 됩니다. 골프와의 인연은 이렇게 깊어집니다. 2006년에 결혼을 하고 다음 해 남편의 안식년을 맞아 유럽으로 180일간의 골프 인문학 투어를 떠납니다. 결정은 순간이었으나 오래전부터 꿈꿨다고 합니다. 그리고 돌아와 프리랜서로 스카이72 홍보 컨설턴트 일을 합니다. 그러니까 스카이72가 오픈한 2005년부터 최근까지 만들어진 글은 모두 그녀가 쓰거나 감수한 것들입니다. 일종의 CS(Storytelling)O인 셈입니다. 글 쓰는 것 싫어하고 책도 잘 읽는다는 그녀 말을 생각하고는 필자가 빵 터졌습니다.

"그런데 그 글들을 써내고 거기다가 624페이지 책도 직접 썼다고요?"

"사실 글들은 제가 인터넷 관리를 하면서 수많은 중역 골퍼들이 해준 말과 스카이72 양싸부, 그분 말씀 엄청 잘하세요. 골퍼들 마음을 읽는 통찰력도 대단하죠. 그런데 좀 하드한데 요걸 소프트하게 돌리면 멋진 글이 되죠. 그리고 외국 자료를 뒤져서 그것들을 아주 시간을 들여서 내부에 응어리가 질 때까지 삭히고 난 뒤 실을 뽑듯 뽑아내는 거예요."

"그래서 일부는 좀 귀에 익다 싶었군요. 그래도 새롭던데…"

"김영재 대표님이 나름 한 감성하시거든요. 그분 말을 듣고 제가 김 대표, 양싸부, 저 이렇게 셋이 만나면 정말 재미있는 생각과 말이 끊이질 않아요."

그 일을 왜 접었느냐고 묻자 뜻밖에 김 대표를 꼬집습니다. 그의 조급함과 완벽성이 그녀를 너무 힘들게 했다고 합니다. 새벽 1시에 전화해서 글을 써내라는 경우는 다반사고, 고속도로에서 가족과 차를 타고 가는데 전화해서 당장 근처 IC로 빠져서 PC방에서 메일을 보내라고 한 적도 있답니다. 하긴 필자가 아는 김 대표는 절대 직원들 시간 사정 봐주는 분이 아닙니다. 이 대목에서 김 대표는 어떤 분이냐고 슬쩍 물었더니 장사꾼 계산과 눈물 뚝뚝 감성을 갖춘 다중 인격자(?)라고 말합니다. 글 마케팅도 그게 돈이 안 들고 효과는 좋으니까 하는 거라고 말했다는군요. 그녀는 그런 투의 말이 싫었답니다. "그런데 싫은데 빠져드는 것, 애증이 그런 거더라고요." 그러면서도 그녀는 김 대표가 골프의 원(Origin) 정신을 찾으려고 했고 골프에서 편을 찾자고 했던 것 등이 그녀와 아주 잘 맞았다고 합니다.

"'경화야, 진상 고객이 찾아오지 않는 골프장이 되면 좋겠어, 우리가 얼마나 많이 준비하는지를 알아주면 좋겠고.' 이런 말을 자주 했어요. 휴, 그분은 골프 본질에 깨어 있고 진심으로 하는 분이에요. 저는 일을 그만두고도 몇 년을 3개의 프레임에 갇혀 살았어요. 골프와 골퍼, 그리고 김영재. 산에서 가끔 버섯을 따는데 갑자기 '이걸 티샷을 때려?' 한다든지, 제가 상대했던 분이 대부분 50대 남성에 중역이다 보니까 모든 일을 그분들 대상으로 생각하는 거예요. 지금 유리 공예를 배우는데도 자꾸 그

50대 타깃을 떠올려요. 그리고 무슨 일이 생기면 김 대표님이라면 이걸 어떻게 해달라고 할까 하는 생각을 저도 모르게 하게 돼요. 크크크 웃기죠? 싸이 강남스타일 보고 바로 외국 선수들 대상으로 스카이72 스타일도 영상으로 만들었어요. 그러면서 또 눈물이 찔끔거리는 감동 영상도 만들어요. 이거 볼래요?"

그녀가 핸드폰으로 '스카이72 스타일' 영상을 보여주는데 그 영상을 보니 기업 문화, 대표와 직원 관계(장난치고 농담하는 관계), 그리고 직원들의 끼, 완벽성 추구 습관 등을 느낄 수 있었습니다. 대화가 좀 더 이어지니 그녀가 글쟁이 속마음을 조금 드러냅니다.

"한국 골퍼들은 사실 글판에 관심 없을 거예요. 글은 천천히 음미를 해야 하는데 스코어, 내기, 빨리빨리를 좋아하잖아요. 제 글이 여기저기 너무 많이 붙어 있는 게 싫은데 김 대표님은 사방에 뿌려요. 그러면서 '10개 중에 한두 개는 걸릴 거야.'라면서요. 그렇지만 사람들은 제가 글을 썼는지 모를 걸요. 이제 와보면 그 글들은 제 것이 아니에요. 저는 누군가요?"

동심을 품고 글을 뽑은 골퍼

점점 그녀의 다중 감정이 전해집니다. 자부심과 박탈감. 열심히 일한 사람에게 흔히 닥치는 불안한 감정이죠. 한옥과 적송 사이로 들어오는 파란 하늘. '경화님, 그건 그래도 열심히 일한 사람만이 가지는 감정이랍니다.' 그래서 필자는 "제가 여기까지 온 것이 그 글 마케팅 때문인데 왜 사람들이 모른다 합니까."라고 말해줬습니다. 잠시 정적. 필자는 과테말라 아이스커피를 쪽쪽 빨면서 지나가는 말로 그렇게 일을 시켰는데 돈은 많이 주느냐고 물었습니다. "우리 사이는 돈으로 만나면 안 된다고 하면서 짜게 줬어요. 그런데 제가 골프 여행을 간다니까 글쎄 거금을 턱, 정말 다중 인격이에요. 크크크."

　마지막으로 두 가지를 물었습니다. 먼저 골프장 컬처코드를 물으니 그녀는 '동심'이라고 합니다. 동심? 필자는 '태양의 서커스'를 만든 캐나다의 기 랄리베르테(Guy Laliberte)가 떠오릅니다. 그도 작품을 만드는 동력이 동심이라고 했었죠. 동심을 추구한 그녀는 디봇 방지 글귀를 "디봇 메워주세요."라고 하지 않고 "저, 너무 아파요."나 "저 보기가 역겨워 가실 때에는 사뿐히 즈려밟고…"라는 의인화 글로 표현합니다. 두 번째 질문은 스카이72에 꼭 가야 하는 이유를 꼽는다면 무엇을 추천하겠느냐 였었는데 그녀는 바로 "꼭 안 가도 돼요. 크크." 합니다. 순간 필자가 멋쩍어졌습니다. 하기야 꼭 안 가면 어떻습니까. 그래서 말을 돌려 "책 제목처럼 골프의 정신을 찾았습니까?"라고 묻자, 이런! "글쎄, 정신이 없더라고요. 호호호."라고 합니다. 필자가 강릉까지 왔는데 경화님 이러면 안 됩니다. 그럼 골프의 인문은 뭐냐고 물으니 그녀가 비로소 정색을 하고 답합니다.

　"유럽에서 골프는 그냥 문화고 생활이었어요. 지역 커뮤니티의 중심이고요. 값도 천차만별이고 심지어 5파운드짜리도 있어요. 그냥 편하게 선택하면 돼요. 캐디는 대부분 없고요. 예절, 격식, 고급, 귀족 이런 거 한국 골프장이 잘못 들어온 거예요. 골프장을 공원이나 지역 커피숍으로 개방

하고, 경계가 없고, 지역민이 자연스럽게 찾고 아이들도 골프장에 편하게 노는 거 보고 그게 골프의 인문이고 정신이라는 생각이 들었어요. 그래서 정신이 없었어요. 우리네 골프장하고 너무 달라서. 한국은 스카이72가 어느 정도 그걸 하고 있다고 생각해요. 스카이72에는 마케팅을 아는 사람이 하나도 없는데 '진상 부리지 말고, 골프가 그냥 즐거웠으면 좋겠어.' 이 하나의 진심만으로 짓고 까불면서 오늘까지 온 거니까. 더 잘할 수 있어요."

어느 골프狂의 아내와
대니 보이

이경화가 쓴 글 중에 '내가 죽으면 골프장에 묻어주오. 그래야 남편이 매주 찾아줄 것 아니겠소.'는 필자에게 남다른 울림을 준 글입니다. 필자가 그 글을 콕 집어서 묻자 그녀는 "어떻게 썼는지 저도 잘 기억이 안 나네요. 그거 사실 슬픈 글인데"라고 말합니다. 맞습니다. 이 글은 페이소스 (Pathos 연민, 동정, 슬픔의 정감을 느끼게 하는 것)가 담겨 있는 이중감정의 유머 글입니다. 우리네 인생 자체가 페이소스입니다. 탄생의 기쁨에서 시작하지만 사망의 슬픔으로 끝나는 게 인생이죠. 그래서 페이소스를 느낄 줄 아는 사람이 격이 다른 유머를 쓸 수 있습니다. 마크 트웨인, 버나드 쇼의 유머는 기본적으로 인간과 생에 대한 페이소스를 깔고 있습니다. 어

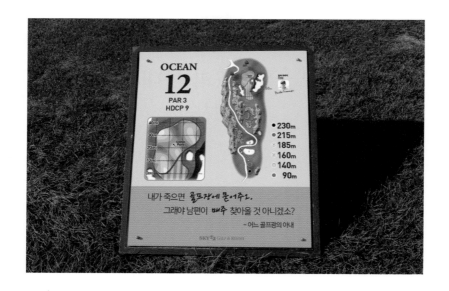

오션 코스 12번 홀

느 골프광의 아내의 짧은 글을 보면, 남자 골퍼들이 새벽 골프를 치러 갈 때마다 같이 잠 못 이루고 뒤척여야 했던 아내가 떠오르고, 같이 쳐야 하는데 혼자만 칠 수밖에 없는 현실도 떠오릅니다. 게다가 둘이 되었지만 결국 각각 살다가 혼자 떠나야 하는 아픈 인연의 진리도 떠오릅니다. 이 글에 대해 캐디들은 "여자 분들은 별로 좋아하지 않으시고, 남자 분들은 '그럼 이 골프장만 빼고 다른 데로 가지 뭐' 하면서 웃으세요."라고 골퍼들 반응을 전합니다. 아직 젊은 그 캐디들은 남자 골퍼들의 말을 그대로 믿는 모양입니다. 그래서 필자는 다른 말을 해줬습니다. 말은 그렇게 해도 한국 남자 골퍼들은 아내에게 늘 미안함이 있다고. 골프 시합하고 선물로 받은 멸치, 김, 사과 상자를 기쁘게 들고 가는 이유, 집에 가서 돈 땄다고(사실은 잃었어도) 거짓말하며 돈을 아내에게 주는 이유가 그거라고. 남자 골퍼님들, 사실이 그렇지 않은가요?

필자는 골프를 치러 가면 골프광 아내 글을 꼭 음미하는데 그러다 보니 어느 때부터인가 다음 노래가 같이 떠오릅니다. 아일랜드 민요 '대니 보이(Danny Boy)'입니다.

♬ 햇볕이 비추어도 그림자가 드리워도 나는 여기 머물 테니

아, 목동아 아 목동아 내 사랑아

그대는 돌아와 내가 묻힌 자리 찾을 테죠

무릎 꿇고 나에게 "안녕"이라고 말해줘요

난 그대 나지막이 발 디디는 소리 들을 테죠

그러면 나의 무덤은 따뜻하고 편안해질 테니

그대가 고객 숙여 나에게 사랑한다고 말하면

나는 그대 내 곁에 올 때까지 평화롭게 쉴 거예요

아 목동아, 피리 소리 들리네

풀도 깎지 않은 무덤 속에 누워 멀리 떠난 정인을 기다리는 여인을 생각하면 절로 눈물이 납니다. 많은 골퍼들이 그 한 줄 "나 죽거든 골프장에 묻어주오." 이 말이 슬프답니다. 그런데 왜 슬플까요? 마음에 공명이 일어

서겠죠. 그동안 잠 못 이루고 주말을 외롭게 보낸 아내에게 미안한 마음, 그게 '어느 골프狂의 아내'라는 글귀를 만들어 땅에 쓴 스카이72 스토리텔러의 원 마음일 거라고 필자는 믿습니다.

그럼 이 대목에서 쉬어도 갈 겸 대니 보이 노래와 아일랜드 골프와 스토리 관련해서 아일랜드 이야기를 알아보겠습니다. '아, 목동아'로도 알려진 대니 보이 노래는 원래 19세기 중엽부터 아일랜드 북부의 런던데리 주에서 불리던 'London Derry Air'가 원곡인데, '당신의 가슴을 장식하는 능금 꽃이 되고 싶다'는 사랑의 노래였다고 합니다. 아일랜드는 가난하고 아픔이 많은 지역입니다. (이하는 책 〈골프의 정신을 찾아서〉 북아일랜드 편에서 인용합니다) 아일랜드에는 3개의 비극이 있다고 합니다. 영국 옆에 있어서 오랫동안 식민지가 된 점, 국토가 너무 아름다워서 자주 침략의 대상이 된다는 점, 그리고 술을 너무 좋아하여 시름을 술로 쉽게 풀어버린다는 점입니다. 뭔가 한국과 좀 닮았습니다. 전설과 신화도 많은 나라고 세계적인 문인이 많이 배출된 곳이기도 합니다. 인구 400만 명임에도 현재까지 예이츠, 버나드 쇼, 사뮈엘 베케트, 세이머스 히니 등 4명이 노벨문학상을 받았고 현대 영문학의 최고로 평가받는 〈율리시즈〉의 저자 제임스 조이스(조국과의 불화로 스위스로 망명한 이후 한 번도 조국을 찾지 않음), 〈걸리버 여행기〉 저자 조너선 스위프트도 이 나라 출신입니다. 걸리버 여행기는 동화로 각색되어 더 인기지만 사실은 토리와 휘그당이 지배하던 18세기 초의 영국 정치 권력과 허황한 과학계를 풍자한 환상 소설입니다.

골프 관련으로는 유명한 로열 포트러시 골프 클럽(2009년 골프 다이제스트는 미국을 제외하고 이 골프장을 1위로 선정. 브리튼 섬이 아닌 곳에서 디 오픈 최초 개최 골프장) 등이 있고, 타이거 우즈를 능가할 것이라는 평가를 받는 1989년생 로리 맥킬로이, 2011년 디 오픈 우승자 대런 클라크, 2010년 US 오픈 우승자 그레임 맥다월도 북아일랜드 출신입니다. 바로 이 나라 민요가 대니 보이인 것입니다. 1913년 영국의 프레데릭 에드워드 웨드리는 구전되던 아일랜드 민요에 'Danny Boy'라고 하는 새로운 가사를 쓰고, 아일랜드 출신의 테너 가수 존 맥코맥이 레코드로 취입하여 대중적인 인기곡이 되었습니다. 그래서 사실 아일랜드 사람들은 이 노래를 잘 안 부른답니다. 우리 아리랑에 일본인이 가사를 붙이면 어떻겠습니까? 어쨌든 제2차 세계대전 중에는 빙 크로스비(미국의 포퓰러 가수, 영화배우. 영화 〈나의 길을 가련다〉로 아카데미 남우주연상 수상. 또 마이크로폰의 활용법을 일찍 터득한 크루너의 제1인자로서 현 포퓰러 뮤직 가창 스타일의 기본을 확립)의 레코드로 리바이벌했고, 해리 벨라폰테(카리브해의 음악을 상업적으로 성공시킨 미국 가수. 1956년 발표한 앨범인 Calypso는 솔로 가수로서는 처음으로 백만 장을 판매)가 불러 더 유명해졌는데, 노래 내용은 출정하는 아들을 보내는 어버이의 노래라고 합니다. 그러나 가사 내용을 보면 아내가 멀리 떠난 남편에게 또는 처녀가 사랑하는 정인을 보내면서 부른 것도 같습니다.

블로거가 말하는
스카이72

앞에 이경화 작가는 스카이72에 대해 애증 관계라고 했고, 필자는 스카이72를 골프를 넘어서도 좋아하는데 과연 다른 고객들은 스카이72에 대해서 뭐라고 할까 궁금합니다. 직원이나 캐디들 얘기를 통하지 않고 직접 객관적 소리를 들어보려면 역시 블로그가 좋죠. 네이버 검색창에 스카이72CC를 치니 블로그가 620여 개 올라와 있습니다. '좀 적은데…' 해서 스카이72로 바꿔 쳤더니 돌연 38,027건으로 늘어납니다. 하늘 코스로 했더니 3,331건, 오션 코스는 2,703건입니다. 그리고 세계 최대 골프연습장인 드림 레인지를 쳤더니 헉! 84,431건입니다. 필자가 관계했던 홍대 앞 상상마당의 67,253건보다 많습니다. 보통 1-2%의 사람들이 블로그를 한다고 치면 대략 그 50배, 4백만 명이 그동안 다녀간 겁니다. 역시 대단합니다. 스카이72CC로 친 것 중에 최근년도 블로그 몇 개만 들여다봅니다. 남녀 성별로 나누고 스카이72의 다양한 모습을 알려주는 글로 뽑았습니다. 직접 인용 방식으로 하면 좋겠지만 그렇지 못해 간접 인용 방식으로 전달하겠습니다.

세계적인 여자 프로선수들이 꼭 경기하고픈 골프장

먼저 어떤 며느리 글입니다. 골프를 좋아하고 시부모님하고도 자주 치는 모양인데 하늘 코스에 가서 쳤고 스카이72 글판 중에 "이도저도 안 되면 즐기는 것이 이기는 것이다" 표지판 글을 인용하면서 자신은 늘 즐기며 치니 늘 이기는 거라고 초긍정적입니다. '그 유명한 스카이72 붕어빵'을 슈크림으로 무려 두 개나 먹었다고 소박한 자랑을 합니다. 요즘 세상에 시부모님이랑 골프 치러 가다니 참 효부 골퍼입니다. 그녀는 스카이72가 서울에 가까워서 좋다고 하고 표지판 글귀를 통한 익살스런 자아성찰, 그리고 '그 유명한' 붕어빵 이야기를 합니다. 이분은 스카이72와 골프를 즐길 줄 아는 여성+효부 골퍼십니다. 스카이72를 통한 가족애를 계속 이어 가시길!

다음 분은 남성 골퍼로 야간 경기를 즐기신 분 이야깁니다. 평소에도 스카이72는 자주 가지만 이번에는 처음으로 야간 라운드를 하신 모양입니다. 한국에서 스카이72만큼 밝은 곳은 없다고 들어서 왔답니다. 남자 로커들 내 세계적인 프로들이 썼던 로커라고 쓰인 대목에 눈이 갔던 모

클래식&레이크 코스 나이트 전경

양입니다. 그 점에서 스카이72가 한국을 대표하는 골프장은 분명한 것 같다고 인정합니다. 그러면서 저도 미처 몰랐던 내용을 적었습니다. 뭐냐 하면 LPGA 대회 때 김미현 선수가 해설을 맡았는데 세계적인 여자 프로 선수들이 꼭 경기를 갖고 싶어 하는 곳이 스카이72라고 했다는 내용입 니다. 아 그랬군요. 김미현 프로가 그랬다면 맞겠지요. 제가 스카이72 김 영재 대표님한테 들은 내용 중에 세계 LPGA 투어를 뛰는 선수들은 일단 공항 근처 골프장을 선호한답니다. 늘 시간에 쫓기고 피곤하니까요. 거기 다가 파란 하늘이 탁 트이고 바로 앞에 바다가 보이고 아담한 섬도 보이 니 얼마나 좋겠어요. 이 남자 블로거는 배고파서 붕어빵을 3개나 먹고 어 묵도 실컷 먹었답니다. 회사 마치고 서둘러 오느라고 저녁을 거른 모양인 데 잘하신 겁니다. 스카이72는 그렇게 즐겨줘야 합니다. 골프 치느라고 바쁜 중에도 사진도 참 많이 찍었습니다. 여유가 있었다는 뜻이겠죠. 특 히 홀 맵에 있는 유머 문구를 많이 보여줍니다.

"골프는 끊임없는 비극의 연속이다. 그러나 가끔 예상치 못한 기적이 비극을 덮 어주기에 오늘도 우리는 휘두른다."
"골프는 연애와 같다. 하찮게 여기면 재미없고 심각하게 여기면 마음을 아프게 한다."
"골프에서 가장 위험한 순간은 만사가 순조롭게 진행되고 있을 때다."

이런 문구들 말이죠. 골프뿐 아니라 인생에도 적용될 글귀들이죠. 이

분도 야간 경기에 붕어빵, 어묵과 함께 그 글귀 의미들도 충분히 음미하셨길 바랍니다. 글을 보니 이분은 기분이 마냥 업(UP)되어 있습니다. 9만 원대에 야간 경기를 마치고 "소문대로 역시 명불허전 그냥 낮에 게임하는 것처럼 즐거운 맘으로 라운드를 마쳤다."고 글을 맺습니다. 저도 초여름에 클래식 코스에서 야간 경기 한번 쳐봤는데 딱 이분 마음 같았습니다. 불빛이 밝아 사각지대도 없고 벌레도 없고 바람은 살랑, 밤하늘을 가르는 백구의 통쾌함… 아, 행복했었습니다. 스카이72 근처에 사는 직장인들은 좋겠어요.

자, 다음 분은 여성입니다. "드디어 기다리고 기다리던 아기다리 고기다리던…" 등의 글 톤을 보니 유쾌상쾌 젊은 분 같습니다. 이분은 아주 솔직 적나라하게 스카이72의 속살을 파헤칩니다. 스카이72가 가장 가보고 싶었던 골프장 중의 하나고 얼마나 흥분이 되던지 잠을 3시간도 못 잤다고 썼네요. 저도 그 기분 자~알 압니다. 이 여성 분은 클럽하우스를 보고 사람이 너무 많아서 중국 골프장 클럽하우스 왔는지 알았다고 실망감을 솔직히 드러냅니다. 사실 다른 으리으리 회원제 클럽하우스에 비하면 소박하죠. 그러면서도 PGA 경기가 많이 열리는 곳이다 보니 벽면에 가득 프로들 사진과 연혁이 있는 놀라움은 놓치지 않습니다. 눈썰미가 좋은 분입니다. 그러다가 이분 또 한번 실망감을 토합니다. 여성 로커룸에 들어가니 동네 골프장 사우나 입구인 줄 알았다는 거예요. 이상합니다. 저는 못 들어가 봤지만 꽤 입소문이 많이 난 곳인데… 하긴 골프장에 대한 관점이 다르면 그렇게 보이겠지요. 그런데 이분은 바로 골프장의 본질을 파악합니다. 자신은 코스를 사랑하는 사람이므로 이런 부대시설 따윈 신경 안 쓴다며 벽면에 가득 채워진 프로님들의 사진을 다시 한 번 쳐다보면서 "여긴 꿈과 희망의 골프장 스카이72"라고 끝을 맺습니다. 톡톡 튀고 솔직한데다가 그러면서도 골프의 본질을 찾는 이분 글은 보는 내내 유쾌했습니다. 제가 이분에게 직접 만난다면 이런 말을 해주고는 싶습니다. "솔직한 그대여, 그런데 그대가 모르는 게 있습니다. 여기 여자 목욕탕은 다른 데서 몰래 벤치마킹을 많이 오는 곳입니다. 너무 색다르고 여성 골퍼에 대한 배려가 곳곳에 숨어 있거든요. 그리고 도떼기 로비와 유리 라운지, 레스토랑은 비즈니스 파트너가 어디서 오는지 어디에 있는지 쉽게 알 수 있도록 고심해서 동선을 설계한 겁니다." 이렇게 말씀 드리면 그녀도 고개 끄덕이며 찬찬히 스카이72의 숨은 의도를 살필 수 있지 않을까요. 우리는 골프장에 대해서 생각보다 많은 편견 또는 고정관념을 가지고 있는데 럭셔리한 클럽하우스(화려, 고요, 엄숙)가 대표적인 것입니다. 이경화 작가가 180일 82개 유럽 골프장을 돌면서 쓴 책에 의하면 유럽은 유서 깊은 골프장이라도 클럽하우스는 소박하여 심지어 샤워 정도만 할 수 있는 곳도 많답니다. 저녁에는 클럽하우스를 지역민을 위해 카페로 제공하기도 하고요. 어쨌든 솔직 발랄한 이 블로거는 골프를 잘 치는지 그 어렵다는 오션 코스에서 쳤는데 "소문만큼 어려워 보이지는 않는데 스코어가 너무 안 나온다."고 슬퍼합니다. 승부욕이 강한 모양입니다. 그만큼 골프를 사랑한다는 것이겠지요. 그런데요 님, 오션 코스는 평균 7-8타가 더 나온답니다. 바람이 엄청 불던 날, 필자도 120타를 친 적이 있으니 힘내시길!

사랑방 골프장

블로그들을 더 보다 보니 위에 여성 분과 비슷한 눈으로 글을 올린 남자 골퍼도 있습니다. 그분은 "명성대로 엄청나게 많은 골퍼들", "북적북적 클럽하우스와 레스토랑" 등의 표현으로 다른 골프장과는 사뭇 다른 분위기를 긍정적으로 전달하고 있습니다. 거기에 시원한 바닷바람과 탁 트인 뷰(View)까지 좋았다면서. 이들은 또한 제가 좋아하는 포인트들이지요. 사실 다른 으리으리 회원제 골프장을 가면 귀한 대접을 받는 만큼 어깨가 으쓱이기는 하지만 그들에 위축돼 골프 자체를 즐기기 힘들지요. 골프장을 골프를 위해 있어야 합니다. 이참에 제 사견을 하나 말씀드리자면, 우리나라 공간들은 나이에 따라서 좀 편이 갈라져 있다는 느낌을 받을 때가 많습니다. 젊은이는 젊은이대로, 나이든 사람은 나이든 그들끼리 따로 논단 말이죠. 그런데 제가 독일 라인강을 따라서 있는 곳을 가니 마을과 강변에 그야말로 나이, 성 불문 서로 섞여 있는 것을 보고 부러웠던 적이 있었습니다. 특히 뒤셀도르프 강변에 일종의 마켓과 야외 클럽이 있었는데 나이든 남자 분이 즉석에서 노래를 부르자 여자들은 왁자하게 박수 치고 청년들이 테이블에 올라가 그 노래를 따라 부르며 테이블을 쾅쾅 구르던 장면은 지금도 생각납니다. 그런 점에서 건강하게 나이든 남자, 젊고 늘씬 섹시한 여자 골퍼, 댄디(Dandy) 복장의 청년, 원숙한 미를 뿜어내는 여성 분이 같이 어울려 있는 스카이72 로비와 스타트 광장은 궁극적으로 우리가 지향해야 할 사랑방이죠.

그럼 이번에는 스카이72가 자랑하는 또 하나 포인트인 골프대회에 참가했던 갤러리 이야기를 볼까요. 찾다 보니 아, 또 여성 분 글이 들어오네요. 여성들이 글도 많이 올리고 잘 써서 그런 모양입니다. 스카이72에서 열린 BMW 레이디스 챔피언십 골프대회 체험 이야기인데 자신은 미술 관계 아티스트라고 소개합니다. 스카이72는 소문난 골프장이지만 평소 못 오다가 마침 그날 일을 마치고 급히 갤러리로 왔던 모양입니다. 그 대회는 2라운드까지 무료입니다. 성황리에 치러지는 경기를 묘사하고 나서 그녀는 스카이72 경치가 참 좋다고 하고 나중에 여기 야간 경기를 꼭 해보고 싶다는 소원도 썼습니다. 낮처럼 밝아 치기에 너무 좋다고 들었다며.

인천공항으로 가는 분들이면 도로 너머로 스카이72 하늘 코스가 보입니다. 저도 해외 갈 때 신불IC를 지나면 무의식중에 도로 오른쪽으로 하늘 코스 있는 곳을 쳐다봅니다. 그러면 여지없이 거기서 골프를 즐기는 분들이 보이죠. 그러면 해외고 뭐고 때려 치고 거기 가서 클럽을 휘두르고 싶은 욕망이 치밀어 오릅니다. 그런데 저만 그런 게 아닌 모양입니다. 그런 마음을 적은 블로거 글이 있어 퍼옵니다. 출, 귀국하는 비행기에서 바라다보던 스카이72CC(하늘 코스)를 다녀왔는데 조인(Join. 골프 1팀 멤버인 4명을 못 구해서 혼자이거나 2인뿐일 때 2-3명인 다른 팀과 섞여 치는 방식)게시판을 이용하여 초면인 분들과 쳤고 그들을 통해서 골프 매너, 샷에 대한 집중 등을 다시금 돌아볼 수 있었다고 썼습니다. 자신은 100돌이라는군요. 그래서 전용 주차장에 차를 댔다고도 썼습니다. 그러면서 생각보다 아담한 크기의 클럽하우스(여기는 54홀 바다 코스와는 달리 18홀이라 클럽하우스가 작음)와 프론트 소감을 적고 벽에 붙은 프로 골퍼들 사진을 게시합니다. 작지만 이곳을 방문하고 플레이했던 골프계의 레전드들에 대한 동경도 적었습니다. 겸손한 분입니다. 조인 골프를 치면서 자기 성찰을 하고 스스로 백돌이 칸 주차장으로 가시다니! 그러면서 레전드를 레전드로 볼 줄 아는 분입니다.

바다가 빛을 뿜어주는 골프장

그럼 이번에는 글을 아주 잘 쓰시는 분 블로그를 볼까요. 남자 분인데 이분은 스카이72 하늘 코스 경치에 흠뻑 빠져들었나 봅니다. "해가 뜨기 시작하면 주변이 다 환해질 정도로 바다가 빛을 내뿜어주던데요. 정말 아름다웠습니다." 바다가 빛을 뿜어준다는 이런 표현 좋습니다. 감성 100점인 분입니다. 그러면서 골프에 빠져드는데, 기본적으로 스카이72(하늘 코스를 말하는 듯)가 언듈레이션(Undulation. 페어웨이나 퍼팅 그린 면의 기복. 업 앤드 다운이 코스 전체의 기복을 가리키는 데 대하여 언듈레이션은 각 홀의 기복을 나타냄.)이 많고 그린이 생각보다 많이 어렵다고 썼습니다. 그리고 양잔디에 찍힌 디봇(Divot. 잔디 뗏장이 뜯겨 나간 자리)이 많다고 좀 불만을 표합니다. 그럴 수 있죠. 하늘 코스는 한국에서는 아주 드물게 전체가 벤트그라스 골프장이라 순하고 아름다워 보이지만 한번 꼬이면 앙칼진 여자의 손톱 맛을 보여주는 코스니까요. 언듈레이션은 그녀의 앙칼진 변덕 심보고 디봇은 그녀가 파놓은 거지요. 그럼에도 역시 이분은 시적인 분입니다. 아름다운 경관들, 붕어빵 공짜로 주던 파3, 아주 가깝게 이착륙하는 비행기들 등 재미있는 요소가 너무 많은 스카이72를 묘사하고는

하늘 코스 11번 홀. 서해 바다가 보이는 전경

그러면서 다시 백돌이가 되어 돌아가는 게 씁쓸했다고 썼네요. 에구! 스카이72 하늘 코스 좀 못됐네요. 멀쩡한 보기 플레이어 골퍼를 100돌이로 만들다니. 그런데 이분은 결국 이렇게 글을 맺습니다. "아주 만족스러운 시즌 개막이었어요. 초보님들 어렵다고 두려워 마시고 꼭 가보시길."

마지막으로 기네스북에 등재된 연습장 블로그를 보겠습니다. 전장 400야드, 전체가 원형 구조로 인조잔디 타석과 천연잔디 타석 완비. 그 외 숏 게임 연습장이 도처에 있어 초보부터 고수에까지 자기 연습에 큰 도움이 됩니다. 저도 한때 차를 1시간 달려 찾던 곳입니다. 주로 혼자 갔었습니다. 일을 하다가 만난 못된 놈 이미지를 그 연습장 200야드 정가운데 심어놓고 그를 향해 어깨가 빠질 정도로 볼을 날리다 보면 스트레스도 풀려 기분이 상쾌했었습니다. 매년 40만 명이 찾는 '드림골프 레인지' 방문자 블로그 중 기업 행사 체험 이야기를 하는 블로그를 보겠습니다. 그는 매년 열리는 '스릭슨(국내외에서 골퍼들이 사용하는 골프 클럽, 골프 볼과 용품 브랜드) 나이트 샷' 행사에 갔답니다. 40미터, 80미터 거리에서 작은 그물망에 넣기와 롱기스트(Longest. 가장 멀리 친 사람. 주로 아마추어 시합에서 적용함) 이벤트까지 참가하고 거기다가 정밀 타구 분석 서비스도 받았습니다. 연예인 골프단 '루틴' 소속 연예인들도 보고 SBS 아카데미 프로 설명도 듣고 마지막엔 깜짝 게스트로 출연한 배우 박중훈을 보면서 가을 저녁을 근사하게 즐겼다고 썼습니다. 골프는 그렇게 다양한 콘텐츠를 갖고 있는 스포츠임을 이 블로그는 분명하게 보여주는군요. 저는 아직 그런 체험을 못해봤는데 부럽습니다.

이상 다양한 블로그 글을 살펴봤는데 전체 블로그 중 극소수만 올렸으니 추가로 궁금한 분은 블로그 클릭. 스카이72는 별로 홍보를 하지 않아도 이렇게 고객들이 스스로 홍보를 해줍니다. 이게 바로 스스로 뿜어져 나오는 홍보지요.

숨은
조력자들

이 책을 쓰기 위해 꽤 많은 분을 인터뷰했습니다. 고객들에게는 숨은 사람들입니다. 다 들려드릴 수는 없고 인상적이었던 몇 분 인터뷰를 전합니다.

골프계 3대 구라, 양싸부

골프에 영혼을 판 골프계의 파우스트라는 사람. 양찬국 원장(별명 양싸부).

스카이72 클럽하우스 2층 베네치아 홀에 마련된 인터뷰 룸으로 마치 소처럼 문을 열고 들어와서는 큰 목소리로 "어, 이거 취조하는 거요? 하하하." 하더니 수고한다며 스낵 과자 몇 개를 슬쩍 필자 자리에 놓습니다. 한국 최고령 프로. 젊어서 태권도 6단에 싸움질 좋아하고, 엉겁결에 월남

전 참전했다가 총상을 입고 미국으로 건너갑니다. 거의 독학으로 골프 이론을 공부하면서 잭 니클라우스, 벤 호건 등에게 배워 투어 프로 못지않은 실력을 갖춘 입지전적 인물입니다. 내기도 좋아해서 타당 500달러 내기도 했다지요. 그러니 어느 아내가 견디겠습니까. 현재는 KPGA 회원, 경희대 겸임교수, 스카이72 헤드 프로, J골프 인기 프로 '시니어를 위한 노장불패'를 진행하며, 또한 SBS, KBS N 스포츠 등 다양한 방송 프로그램에 나가는 골프 구라입니다. 재미난 퍼터도 하나 창안했는데 샤프트가 헤드 반대편에 붙어 있는 '거꾸로 퍼터'입니다. 몇 개 안 돼서 꽤 희소 가

스카이72 헤드 프로 양찬국 사부

치가 있는데 운 좋게 필자도 하나 샀습니다. 우리 나이로 70임에도 스카이72 사장님보다 보통 4배(?)를 더 먹는 에너자이저입니다. 현재까지 20여 명의 (L)PGA 선수를 배출했고(LPGA 이미향 프로가 1호) 그동안 레슨 회원만 5,800명 정도랍니다. 60세 환갑이 되던 해에는 제자 168명을 초대해서 그린피 무료 라운드를 하기도 했던 기인입니다. 2천만 원 경비는 양싸부 본인이 쾌척. 인터뷰 내내 1976년부터 시작한 40여 년 골프 경륜의 깨달음을 기가 막힌 비유를 섞어가며 거침없이 들려줍니다. 그는 레슨 때에도 "임팩트를 높이려면 골프공 옆구리에 못을 박듯이 쳐라.""(손목을 교차시키는) 코킹을 하려면 고스톱에서 똥 쌍피를 치듯이 해라."처럼 말한답니다. 그러니 주말 골퍼들에게 늘 인기 짱.

주말 골퍼들에게 티칭 관련해서 한마디 해달라고 하니 슬쩍 돌려 말합니다. 자신은 병원장님들에게 강의를 가면 이렇게 말해준답니다. "병원에서 환자 바로 치료 안 해주죠? 바로 나으면 돈도 안 되고 존경하지도 않으니까요. 골프 프로도 마찬가지입니다. 문제가 많은 골퍼가 와도 바로 고쳐주지 않습니다. 그리고 뜸을 들여 하나를 고쳤는데 또 다른 것도 잡아달라는 골퍼가 있어요. 그런데 병원에서 두 개 다 바로 고쳐주던가요? 고생을 좀 시켜야 의사를 존경하죠." 필자는 빵 터졌습니다. 골프 치는 사람은 어떤 사람이어야 하는지 물었더니 "학교에 일진이 있듯이 그 사회 일진이 치는 게 골프입니다. 스스로가 일진이 아니라면 칠 이유가 없고, 골프를 치면 절로 일진이 됩니다."라고 말합니다. 이때 일진은 조폭이 아니고 1% 톱클래스입니다. 여기서 주목할 것은 마지막 멘트 '골프를 치면 스스로 일진이 된다.'는 말일 겁니다. 좀 과장된 것 같은데 과연 무슨 뜻일까요? 그의 다음 말을 더 듣다 보면 알게 됩니다. 한국의 현재 중고생 골퍼 연맹에 700~800명, 대학연맹에 2,000명, 그리고 재수생 골퍼 등을 합치면 5~6천 명의 프로 골퍼 지망생이 있다고 합니다. 이중 중고생들이 골프를 배우면 역기능이 있다고 합니다. 아무래도 공부를 안 하고 부모의 밀착 관리(이때 부모는 정보 프로가 됩니다. 그래서 아빠는 아 프로, 엄마는 엄 프로)에 의존하게 되며, 미래가 불투명하다는 겁니다. 그렇 겠죠. 5~6천 명 프로 지망생 중에 200명 정도만 PGA 프로 시험을 통과 하니까요. 반면 순기능도 있다고 합니다. 귀족 교육(?)을 미리 시킨다는 점이 그 하나랍니다. 진짜인지는 모르겠으나 골프를 치는 학생들은 시장에서 밥을 막 사먹지 않는답니다. 격을 따진다는 거죠(이게 바로 골프를 치면 스스로 일진이 된다는 의미인 듯합니다). 물론 돈은 부모에게서 나오죠. 그래서 사춘기 반항 따위는 없이 부모에 대한 순응도가 아주 높답니다. 그 돈 없으면 자신의 운명은 끝이니까요. 그리고 사춘기를 무리 없이 잘 넘어간답니다. 운명을 골프에 올인하기 때문이죠. 그래서 그 아이들에게 는 골프 잘 치는 사람이 최고라서 옷 잘 입고, 몸매 좋고 따위는 다 소용 없답니다. 얼굴이 투박하고 몸매가 별로라도 골프를 신기에 가깝게 치면 무조건 "오빠", "누나" 존경하고 따른답니다. 필자로서는 처음 듣는 이야 기입니다.

양싸부의 이야기는 거침없어 이러다가는 밤을 새도 모자라겠습니다. 스카이72와의 인연은 초창기인 2003년부터고 양싸부는 김영재 대표의 눈과 혀인 사람이라고 들어서 스카이72와 김 대표에 대해 한 말씀 해달라고 했더니, 스카이72는 상황에 따른 대응 행동이 아주 빠른 골프장이며 골프장 김 대표는 "감성 저격수"라고 단언합니다. 새벽 한두 시까지 공부하는 공부벌레에 워커홀릭이라고도 합니다. 자신이 이해되지 않으면 어떤 전문가가 뭐라 해도 믿지 않고 직접 공부해서 실험하는 기질이라고도 합니다. 그리고 매우 엄격한 비즈니스 태도를 가지고 있는데 보통 골프장 사장이 클럽하우스 으리으리한 곳에 큰 사무실을 쓰는 것에 비해 김 대표는 직원들이 쓰는 사무동에 사무실을 두고 옆에는 예약실을 두는데 예약실(부킹 비리가 나올 가능성이 높은 곳임)과 사장실은 합판 벽으로만 가려두어 말이 다 들린답니다. 그래서 예약실에서 딴짓(?)을 못한답니다. 이 역시 처음 듣는 이야기입니다. 스카이72를 잘 즐기는 방법을 말해달라고 했더니 또 재미있는 비유를 듭니다.

"서울 외환은행 본점 뒤에 서서 먹는 국숫집이 있습니다. 거기서 국수를 허겁지겁 먹는 사람과 안동국시 집에 여유 있게 앉아서 국수 국물부터 음미하는 사람이 있어요. 누가 더 국수를 잘 즐기겠소? 마찬가지요. 스카이72에 한 시간 정도 전에 와서 구석구석 준비해놓은 보물들을 살피고 즐기면 다른 골프장에 없는 것들이 정말 많아요. 스카이72는 비싸죠? 그래서 돈을 낸 사람들에게 확실히 돈 값을 제대로 가져가도록 해줍니다. 참, 책에 이 얘기 반드시 써주시오. 티오프 시간은 그 시간까지 골프장에 오라는 게 아니고 티잉 그라운드에 서서 4명 중 마지막 골퍼가 샷을 마치고 떠나는 바로 그 시간을 말하는 거라고. 10분 전에 허겁지겁

오는 것은 돈과 시간을 버리는 겁니다." 아, 그렇군요. 하긴 과거에는 1시간 전에 골프장에 도착하는 것이 필수 매너였습니다. 요즘 그 매너가 많이 무너지는 것은 필자도 느꼈는데 골프장도 그게 그렇게 중요한 모양입니다. 그런데 그것이 매너만은 아니고 그 1시간이 스카이72가 준비한 돈 값을 받아가는 시간이라고 정의하는 것이 인상적입니다. 정말 통찰력이 있는 분입니다.

마지막으로 한국 골프는 앞으로 어떻게 될 것 같으냐고 물었습니다. 걱정없답니다. 한국에는 전 세계에 없는 엄청난(?) 아줌마 집단이 있기 때문이랍니다. 안 그래도 여성의 골프 참여는 앞으로 골프의 미래를 좌지우지할 대형 변수입니다. 그런데 양싸부 말로는 한국 아줌마들의 골프 참여는 좀 독특하답니다. 보통 봄이 되면 새롭게 골프장에 출현하는 아줌마들이 늘어나는데 이는 겨울에 동창회에 갔다가 예전 학교 친구가 골프 친다는 소리를 들으면 "네가 하는데, 나라고 흥" 하는 지고는 못 참는 한(恨)의 정서 때문이랍니다. 맞는 것 같습니다. 이미 마케팅에서는 이 "옆집 아줌마가 ○○ 샀대요." 하는 심리를 잘 이용합니다. 양싸부가 이야기를 이어갑니다. "한국은 여자 구매력이 무서운 나라요." 그러고 보니 몇 년 전부터 주중 골프장에 여성들이 꽤 많이 보입니다. 양싸부는 그러면서도 여성들은 기왕 그렇게 골프를 시작했어도 골프 정신과 문화를 즐기고, 그리고 골프장은 나름 한(恨) 많은 그녀들을 배려하는 감성 저격수가 돼라고 당부합니다.

두 캐디 인터뷰

이번엔 캐디 두 분 인터뷰입니다. 한 분은 스카이72 캐디 1기였다가 교육 매니저가 된 분, 다른 한 분은 이제 신참인데도 골퍼들에게 인기 만점인 캐디. 필자는 감정 노동자 그분들의 아픈 이야기는 담지 않으려 합니다. 많이 알려져 있으니까요. 대신 다음 이야기들을 전합니다.

맨 먼저 그녀들이 공통으로 하는 말은, 요즘 골프 대중화와 스크린골프 영향으로 20~30대 젊은 골퍼들이 늘었는데 예전 세대에 비해 골프 매너와 배려심이 많이 부족하다고 합니다. 구체적으로 예를 들어 달라고 하자 티오프 시간에 늦고, 그린에서 티마커를 캐디에게 휙휙 던지고, 담배꽁초를 페어웨이는 물론이고 심지어 홀컵에도 버리고, 반말 아무렇게나 하고, 캐디피가 너무 높다고 욕하고, 신발 직직 끌고, 시끄럽게 떠들며, 뒤 팀에 대한 배려가 없는 점을 꼽습니다. 특히 첫 티타임에 초보자들이 늦게 와서 시간을 끌 때는 속이 탄다고 합니다. 그것을 지적하면 바로 "내 돈 내고 치는데 무슨 상관" 한다고 합니다. 이 대목에서 나이든 분들이 꼰대 짓 더 많이 하지 않나 물었더니 아니랍니다. 그 세대 분들은 골프 입문 교육을 잘 받은 세대고, 또 자신들을 딸이나 손녀로 생각해서인지 고생한다는 말도 해준답니다.(이경화님은 유럽에서 캐디 없이 혼자 골프를 치다가 자기 스코어조차 헷갈리는 경험을 하고는 한국 캐디들이 얼마나 대단한 존재인가를 여실하게 깨달았다고 책에 썼습니다. 5시간 동안 네 명 클럽 챙기랴, 스코어 기록하랴, 시간 맞추랴, 볼 떨어진 데 기억했다가 찾아주랴, 바람·거리 재주고 방향·라인 잡아주랴, 말 상대 해주랴, 썰렁한 농담에 장단 맞춰주랴, 클럽다 닦아주랴, 끝나면 차에 골프백 실어주랴) 필자가 그래서 역으로 물었습니다. 스카이72가 "펀을 찾아라." 하니 젊은이들이 특히 마음이 좀 풀어지는 것 아닐까요? 두 캐디들은 그럴 수도 있다고 수긍합니다. 그럼 이것은 펀 마케팅의 역효과인가요? 이 대목에서 필자는 '펀의 정신이 배려에서 나온 건데 배려 교육을 스카이72가 먼저 해야 하지 않을까. 넛지(Nudge. 원래는 팔꿈치를 툭 친다는 뜻으로 부드러운 선택 설계를 유도하라는 행동경제학 용어) 방식으로?' 등의 생각이 교차합니다. 세상은 늘 이렇게 빛과 어둠이 교차하나 봅니다. 그네들이 전하는 또 하나 애로점은, 예전의 나가요 대신 요즘은 커플 골퍼들이 늘었는데 카트 안에서의 애정 표현이 지나치다고 합니다. 상의 옷차림이 흐트러질 정도에 심지어 동반자가 홀아웃 할 때까지 숲에서 나오지 않은 경우도 있다는데 옛날 가수 남진 노래가 떠오릅니다. '♫ 저 푸른 초원 위에 사랑하는 님과 함께/ 한 평생 살고 싶어/ 낮이면 씨앗 뿌려….' 네, 호르몬 넘치는 남녀가 스카이72 그림 같은 초원에 왔으니 어찌 남녀상열지사가 없겠습니까. 그래도 좀 전후좌우 살피고 다른 분 배려도 부탁.

두 캐디가 또 공통으로 전하는 말은, 지위에 사(事, 士, 師) 자 들어가는 분들과 티칭 프로들, 연예인들, 같은 여자들의 반말과 사람 무시 등 갑질은 여전하다는 겁니다. 양싸부는 골프를 치면 일진이 된다고 했는데. 아직 아닌 모양입니다. ㅜㅜㅜ 이 사회는 언제나 성숙하려는지.

진솔한 그들의 이야기에 마음이 쏠리지만 그녀들은 또 일하러 가야 합니다. 마지막으로 스카이72와 다른 골프장의 차이를 말해달라고 했습니다. 그랬더니 다음과 같이 말합니다.

- 스카이72는 다른 골프장에 비해서 강남 젊은 골퍼들이 많이 오는데 '강남에 핫한 애들이 오는 곳'이라는 소문이 퍼진 것 같다. 개성 있고 젊은 감각의 코스, 한국 최고의 트와일라잇(18홀을 치고 추가로 일몰 때까지 칠 수 있는 경기)과 야간 경기, 세계 하나뿐인 붕어빵 서비스, 버디 닭(라운드 중에 신청하면 30분 내에 배달되는 치맥 서비스)과 수박 배달, 빅홀컵 같은 이벤트, 로고가 새겨진 고급 양말 기프트, 유머 감각이 넘치는 글 때문인 것 같다. 그들은 50대 이상 골퍼 분들에 비해서 유머, 이벤트, 글 등에 민감하게 반응하고 글을 베끼거나 블로그, SNS로 올리는 경향도 많다.
- 스카이72 캐디들은 다른 골프장에 비해 사전 교육을 철저하고 길게 받는다. 힘이 들기는 하지만 다른 골프장에서는 베스트로 인정받는다. 맨 처음 인사하는 "행복을 드리겠습니다." 멘트에 대해 고객들도 긍정적이며 자신들도 행복을 드리려고 한다.

공부는 뭘 하냐 물었더니 잔디나 코스, 골프 대회 뉴스는 물론이고 고객들과 대화를 맞추기 위해서 트렌드, 스포츠(예: 러시아 월드컵), 개그 등을 유심히 보며, 또한 잔디소녀가 운영하는 '캐디세상'에서 좋은 글들을 참조한다고 합니다.

혹시 아이디어나 제안 없느냐고 물으니 ▲혼족들이 많은데 비수기에 혼족을 위한 혼골(혼-Golf) 라운드 기회를 만들었으면 좋겠다 ▲희한하게도 "와, 이런 자연에서 캐디들 일 멋져. 나도 캐디 해보고 싶다." 하는 여자 골퍼가 꽤 있으니 일일 캐디 프로그램은 어떨까 ▲시니어 분들이 젊은 사람들하고 치면 꼰대 소리 들을까봐 조심하시는데(나이드신 게 죄는 아니잖아요. 그분들도 스타일과 문화가 있는데) 시니어만을 위한 시니어 라운드 이벤트를 하면 좋겠다고 말합니다. 이렇게 어질 수가! 3~4인 가족 골퍼를 위한 할인이나 우대 이벤트는 어떠냐고 물으니 다 큰 자식들이 과연 부모와 올까요? 한국에 그렇게 선택받은 가족이 얼마나 될까요? 반문합니다.

　이상 에너자이저 통찰력 대왕 양싸부와 행복을 드리는 스카이72 ㅅㅁㅇ, ㄱㅈㅇ 두 캐디님 인터뷰 내용이었습니다.

* * *

그녀들과 인터뷰를 마치면서 필자는 이런 생각을 했습니다. 앞으로 AI(인공지능) 캐디까지 나온다는데 이보다 차별화되려면 캐디들 자신만의 서비스(예를 들면 ○○○ 캐디가 직접 만든 칵테일 주스나 수제 커피, 개성을 살린 독특한 버디 선물, 이주의 유머 뉴스, 골프장 안팎 자연과 문화 해설 같은)를 제공해야 되지 않을까 하는 생각 말이죠. 가슴에 ○○○ 이름을 단다는 것은 나만의 브랜드가 되겠다는 표시이니까요. 꿈일까요?

골프 유래와 어원들

골프는 동서고금을 막론하고 너무 매력적이어서 별명이 '녹색 아편'이라고도 불립니다. 1457년 스코틀랜드 왕 제임스 2세는 군인과 귀족들이 무술은 멀리하고 골프에 빠지는 것을 우려하여 골프 금지령을 내리기도 했다는데 결국 실패했다는군요.

골프는 역사가 600년이 넘는 스포츠이다 보니 다양한 기원과 어원 이야기가 풍부합니다. 그들에는 현대인이 모르는 정신과 문화가 담겨 있어 지금의 관점으로 보면 신기하기만 합니다. 그 기원과 어원을 알면 현대 골프에 대한 고정관념에서 벗어나 좀 더 자유롭게 골프를 바라볼 수 있을 겁니다.

골프의 기원은 보통 4가지 설이 있습니다. 가장 먼 것으로는 로마의 공놀이 파가니카(Paganica)에서 유래했다는 설입니다. 로마 병사들이 한쪽 끝이 구부러진 스틱을 이용해 새털로 속을 채운 볼을 치는 운동으로 골프의 유래가 된 게임이라고 합니다. 그러나 공식 기록과 천 년 이상의 공백이 있어 근거는 약합니다. 두 번째는 (이하는 〈헤럴드경제〉에 이인세 골프 앤티크 전문가 겸 남양주골프박물관장이 쓴 '골프의 50가지 비밀: 골프 600년사의 원조 논쟁. 2015.10.29.' 참조) 중국의 추이환(推丸)이라는 공치기에서 유래했다는 설입니다. 700년경 당나라에서 시작돼 송나라를 거쳐 명나라까지 전래되면서 궁궐 내에서 여인들이 마당에서 즐긴 놀이로 그림도 있습니다. 이 놀이는 '추이환'이라 불렸으며 〈환경(丸經)〉이라는 책도 만들었답니다. 책에 따르면 평지는 평(平), 비탈은 요철(凹凸), OB는 외(外)로 불렸고, 나무공은 권, 클럽은 구봉, 티샷은 초봉, 두 번째 샷은 이봉, 한 홀은 파3이고 버디는 일주, 홀인원은 이주, 무승부이면 다음날 재경기를 했다고 합니다. 짜맞춘 것처럼 비슷하지요. 그러나 이 주장이 성립하려면 그 놀이가 아라비아 상인을 거쳐 티베트 고원과 히말라야를 넘어 유럽으로 가야 하는데, 이를 입증할 자료가 없습니다. 세 번째는 14세기 네덜란드의 공치기가 스코틀랜드로 전해져 골프가 되었다는 설입니다. 16세기 네덜란드의 겨울 풍경화에는 빙판에서 삼삼오오 모여 골프채 같은 막대기를 들고 10여 미터 앞에 30센티미터 정도 되는 표적을 맞추는 광경이 자주 나옵니다. 목표물을 적은 타수로 맞혀 승패를 가르는 놀이입니다. 이를 콜프(Kolf) 혹은 콜벤(Kolven)이라 불렀답니다. 네덜란드 역사학자 스티븐 반 헤겔(Steven J.H. Heigel)은 1972년에 출판한 〈고대의 골프(Early Golf)〉에서 '1297년 12월 26일 북부 레오넨 베트 마을에 4홀 골프 코스가 만들어졌으며, 총 연장이 4,500야드였다.'고 기술하고 있습니다. 목표물은 비석이나 현관 등이고 적은 타수로 그것을 맞히는 팀이 승리하는 방식이었다는군요. 스티븐은 "이 놀이는 네덜란드어로 콜프(Colf)로 불렸는데 클럽(Club)이라는 뜻."이라고 주장합니다. 처음에는 출레(Chole)로 불리다가 이어 필드에서는 코스펠(Kofspelfh), 빙상에서는 콜벤(Kolven)으로 불렸고 콜프(Kolf)는 실내에서 하는 것을 의미했다고 합니다. 반면 스코틀랜드 지방에서는 고프(Gouft), 골페(Golfe), 남쪽 잉글랜드에서는 고프(Gowf) 등으로 불렸던 언어학적 근거를 들어 두 나라 간에 무역을 통해 상호작용이 있었다고 주장합니다. 그러나 그 이론을 뒷받침하는 구체적 증거가 16세기 네덜란드의 풍경화에 근거하고 있기 때문에 정설로는 받아들여지지 않고 있습니다. 또한 이 콜벤은 오히려 아이스하키의 생성에 영향을 주었을 것으로 평가됩니다.

골프에 대한 공식 기록은 앞에 말한 스코틀랜드 왕 제임스 2세의 골프 금지 칙령이 최초이고 세인트앤드루스 박물관에는 골프에 관한 많은 기록이 있습니다. 그렇다면 스코틀랜드에서 시작되었다는 설이 가장 근사치인 것이고 그 태동은 14세기 무렵 스코틀랜드 목동들이 막대기로 돌을 날려 야생토끼를 쫓는 데서 시작된 것입니다. 14세기의 스코틀랜드 고어인 게일어로 '치다'라는 뜻의 '고프(Gouft)'가 있었고, 공은 '볼(Ball)'이라

불렀으며 홀(Rabbit Hole)은 토끼가 숨던 굴입니다. 목동 같은 하층민이 즐기던 놀이가 귀족 문화로 채택되는 구체적 과정이 부족하기는 하지만, 어쨌든 이상 4가지가 골프의 기원에 대한 이야기입니다. 그 외 프랑스의 죄 드 마이(Jeu de Mail. 방망이 놀이)와 벨기에·프랑스에서 놀던 콜과 크로스 등이 있는데, 프랑스 죄 드 마이는 골프와 유사하고 콜과 크로스는 골프보다는 하키와 유사하다고 판단됩니다.

다음은 최초 골프장과 클럽 관련입니다. 이것은 인류의 문화와 기술 유산에 대한 것이니 알아두면 당신의 격이 좀 올라갈 겁니다. 다음은 역시 〈헤럴드경제〉의 '골프상식백과 87: 골프는 어떻게 세상을 점령했나. 2017.12.5일자'를 주로 참조하고 일부만 다른 자료를 인용한 것입니다.

- 스코틀랜드 최초 골프장: 1672년 설립된 머슬버러 링크스(7홀). 1874~ 1892년 사이디 오픈이 7차례 개최되었으나 지금은 승마장에 소속된 9홀만 운영 중.

- 홀 지름 108mm: 홀의 직경은 세계 골프장 모두 동일. 골프공 지름이 42.67mm이니 홀이 2.5배 정도 큼. 골프 초창기에는 기준이 없어 골프장마다 홀 크기가 제각각이어서 스코어 차이가 심했음. 골프 규칙을 관장하는 영국왕립골프협회(R&A)가 다양한 검토 끝에 1893년 스코틀랜드 머슬버러 홀 크기가 최적이라고 결정. 머슬버러 골프장은 1829년부터 주변 해안가에 설치된 파이프를 잘라서 홀을 뚫는 공구를 만들어 사용. 이 공구의 지름이 108mm. 이 사이즈는 "골프

에는 골퍼들의 백팔번뇌가 다 들어 있다." "골프가 안 되는 데는 108개의 변명거리가 있다."는 우스갯소리와도 일치. 파이프로 그린에 구멍을 뚫어 홀로 사용하던 시절에는 비가 오는 등 악천후에 홀이 무너지는 일이 잦았는데 선수 겸 그린키퍼 톰 모리스가 구멍을 판 뒤 금속이나 플라스틱 재질의 원통 컵을 넣어 홀의 모양을 유지.

- 최초의 여성 골퍼: 스코틀랜드 여왕 메리가 공식 최초. 남편이 살해당한 며칠이 지나기도 전에 골프를 쳤다고 함.

- 최초 골프 클럽: 1744년 에딘버러 외곽의 리스(Leith) 링크스에서 '오너러블컴퍼니 오브 에딘버러 골퍼스' 동호회 결성. 그곳이 오늘날 걸레인의 뮤어필드(Muirfield Golf Club).

- 골프 코스 18홀: 골프의 성지인 세인트 앤드루이스 골프 클럽이 당초 12홀에서 11홀, 9홀로 축소되면서부터다. 이 골프장은 페어웨이 양쪽에 그린이 있어 나갈 때(Out Course)와 들어올 때(In Course) 각각 치기 때문에 합이 18홀. 이것이 1764년 결의안이 통과된 뒤부터 공식화.

- 골프 클럽 14개: 1939년 R&A에서 14개 이내로 제한하는 규칙 제정.

- 골프공: 처음 나무 공에서 시작해 깃털을 넣은 페더리볼, 고무를 이용한 구타 페트카(Gutta Percha) 볼 시대를 거쳐 1898년 코번 하스켈이 구타의 구면 표면에 고무줄을 감고 그 위에 고무를 입혀 만드는 방식으로 현대의 골프공 원형이 됨. 1905년에는 윌리엄 테일러가 하스켈 볼에 딤플(Dimple. 골프공 표면에 보조개처럼 홈을 팜. 비거리를

늘려주고 탄도를 낮게 하며 비행 안전성을 강화) 패턴을 응용.

- 골프 클럽(채): 다양한 나무를 쓰다가 프로들은 수제 단조 메탈을 쓰기 시작. 1902년 E. Burr이 백스핀을 증가시키기 위해 헤드 표면에 홈을 낸 아이언을 개발. 스틸 샤프트는 1929년 웨일즈 왕이 세인트앤드루스 올드 코스에서 처음 사용하고 이것을 R&A가 공인.

- 메탈 우드: 테일러메이드가 최초로 금속으로 메탈 우드 제조.

- 로열 칭호: 1824년 설립된 퍼스골프 소사이어티는 1833년 영국 국왕 윌리엄 4세로부터 최초로 로열(Royal) 칭호를 획득. 그 이듬해 세인트앤드루스 골퍼스에 로열이란 직위를 부여하면서 오늘날의 세인트앤드루스 R&A가 됨.

- 한국 최초의 골프장: 1896년 원산 영국인 조계지에 영국인들이 조성한 6홀 원산 코스. 최초의 18홀 코스는 1930년에 개장한 경성GC. 일명 '군자리 코스'로 불리는데 6.25 전쟁 이후 서울CC로 재건되고 이후 어린이 대공원으로 변경되면서 현재 한양CC(이곳 깃대에는 1927 숫자가 있는데 이는 경성GC가 만들어진 해임)로 이전.

골프 용어의 기원

골프는 어떤 스포츠보다 관련 용어가 많습니다. 골프 용어는 특히 골프 클럽과 볼 등의 제조 기술 향상에 따라 의미도 많이 바뀌어왔습니다. 이제 궁금한 그것들의 기원을 알아봅니다.

- 골프(Golf): 14세기 스코틀랜드 고어인 게일어로 '치다'라는 뜻의 고프 (Gouft)에서 유래.

- 그린(Green): 야생토끼들이 풀을 뜯어먹어 풀이 별로 없는 곳.

- 페어웨이(Fairway): 양떼가 다니는 길로 '안전한 뱃길'을 뜻하는 항해 용 어에서 유래.

- 티(Tee): '작은 흙무덤'을 뜻함. 골프 초기에는 티샷을 할 때 흙을 조그 맣게 쌓아서 드라이버를 쳤음. 로라 데이비스는 초창기에 실제로 클 럽으로 흙을 쳐 쌓은 후에 티샷을 함. 후에 미국에서 나무 티를 제조 해서 선풍적인 인기를 끎.

- 보기(Bogey): 보기는 유럽의 도깨비인 보기맨에서 파생. 보기맨은 할 머니가 아이들을 겁주려고 "쉿, 도깨비가 온다." "귀신 나온다."에서 처럼 불특정 도깨비, 귀신의 의미임. 19세기 말 영국의 그레이트 아 머스 골프장에서는 매일 아침 '♪보기맨이 나온다(Here comes the Bogeyman)'는 행진곡이 울려 퍼졌는데 회원들은 노래에서 나오는 도깨비 인물인 보기 대령(Colonel Bogey)과 대결을 펼친다고 생각. 당시 열악한 골프 도구로는 보기 스코어는 도깨비 대령이나 낼 어려 운 스코어로 믿어짐.

- 보기와 파: 보기는 스트로크 플레이의 핸디캡을 산정하는 기준으로 1890년에 창안. 숙련된 골퍼가 정상 상태로 플레이하여 퍼팅을 모 두 2퍼팅으로 홀인하는 것으로 가정하고 티에서 1타로 퍼팅 그린 에 도달할 수 있는 거리의 홀의 표준타수를 3, 2타 거리인 홀을 4, 3

타의 것을 5로 하고 그라운드 스코어라 이름 붙였는데 그것을 '보기 맨'과 연결시켜 보기 스코어라고 부름. 그 후 1908년에 미국골프협회(USGA. 1804년 설립)가 독자적인 표준타수 파를 제정할 때 18홀 중에서 보기5의 홀을 파4로 하였음. 이것이 이후 보기는 파보다 1타 많은 스코어의 명칭으로 일반화됨.

- 파(Par): 기준, 액면가, 동등이나 대등(Parity)을 뜻하는 말로 미국골프협회가 골프에 적용. 홀별로 정해진 기준 타수.

- 버디, 이글, 알바트로스: 1899년 미국 아틀란틱시티 골프클럽에서 조지 크럼프(후에 명문 코스인 파인밸리 설립)가 친 세컨드 샷이 그린 위를 날아가던 새를 맞춰 홀컵 10cm 앞에 떨어졌고 크럼프가 이를 퍼팅에 성공시킨 데서 유래. 또 다른 설로는 공이 새처럼 날아서 홀컵에 앉는 모양을 비유한 것이라는 설. 그래서 타수가 더 낮은 것은 더 큰 새로 이름을 붙이게 됨. 그것이 이글(기준 타수보다 2타 아래), 알바트로스(기준타수보다 3타 아래. 영미대결전에서 보비 존스와 대결하던 영국 주장 골퍼가 실제로 이 타수를 치고 즉흥적으로 붙인 이름이라는 설이 있음. 미국에서는 더블 이글)임.

- 콘도르, 오스트리치, 피닉스: 콘도르, 타조를 뜻하는 오스트리치, 그리고 전설의 불사조 피닉스는 각각 파5홀에서 홀인원, 파6홀에서 홀인원, 파7홀에서 홀인원. 점점 새 덩치가 커지는 건데 역사상 콘도르를 기록한 골퍼는 4명.

한국을 깬 골프장, SKY72 이야기

2부

두 개의 심장으로 뛰는
골프장

About 골프 트렌드

- ○ 중산층 골프장 위기

- ● 골프장 개념 다양화: 대중화, 연희장, 회의장 등

- ○ 대안 골프 등장: 콤팩트 코스, 스피드 골프, 풋 골프 등

- ● 아시아 시장 급성장

- ○ 혁신 기술 접목

- ● 친환경 부각: 물 관리, 비(非)관리 지역 등

- ○ 친(親)여성 마케팅 강화

About 경영·마케팅 트렌드

○ 연결·콜라보레이션

● 플랫폼, 블록체인

○ 4차 산업혁명 관련: 기술 지능

● 중국, 아시아 시장 부상

○ CSV(환경, 소수자, 다문화, 교육 등)

● 진정성

○ 여성, 젠더 감수성

골프 투어
기(記)

"이젠 골프장 회원권, 별장, 요트를 사면 바보다. 요즘은 그들을 가진 사람과 친구를 하면 된다."는 말이 돕니다. 소유보다 공유로 가치관이 바뀐 겁니다. 그러나 10여 년 전까지만 해도 10억대 골프장 회원권은 부의 완성이었고 그런 골프장에서 쳐보는 것이 중산층 골퍼의 로망이었습니다. 서울 근교에 있는 안양CC, 남부CC, 이들은 2000년대까지 황제 골프장, 숨은 황제 골프장이라고 불리던 곳입니다. 나중에 강촌의 제이드 팰리스, 제주도 나인 브릿지 등이 가세했는데, 거기는 돈이 있다고 칠 수 있는 곳이 아닙니다. 이스트밸리CC, 남촌CC, 가평 베네스트, 렉스필드 등도 쳐보고 싶은 명문이었습니다.

필자는 중산층 부장임에도 10여 년에 걸쳐서 위의 골프장 중에 나인 브릿지만 빼고 다 쳐봤습니다. 부지런하고 친구가 많으면 가능합니다. 회원을 선별 관리하는 황제 골프장 안양CC는 역사가 오래된 관계로 나무가 크고 울창한 파크랜드 스타일 골프장입니다. 캐디도 일대일로 붙습니다. 필자가 치러 가서 스타트 광장을 나서는데 마침 히딩크 감독이 들어오더군요. 살이 많이 쪘는데 아주 호방하게 떠들고 있었습니다. 거기는 그런 사람들이 와서 치는 곳입니다. 민속촌 근처 남부CC는 숨은 황제 골프장이고 주말 골퍼가 치면 어깨를 으쓱대도 좋은 곳입니다. 필자가 부장 시절 회사 사장님이 특별 초대를 했는데 눈치 없게도 거기서 버디 네 개와 필자의 라베(Life Best Score) 74타를 기록합니다. 직원이 자기보다 더 잘 치면 기분 좋을 사장님 있을까요? 사장님 앞이라 대충 치려고 했는데 하필 20미터 퍼팅도 쑥쑥 들어가니 어쩔 도리가 없었습니다. 네 번째 버디는 정말 원망스럽더군요. 골프가 끝난 후 목욕탕에 들어갔는데 우리 일행밖에 없어서 많이 놀랐던 기억이 납니다. 그런데 특별히 기억나는 코스나 캐디 기억은 없고 쳐봤다는 자부심만 있습니다. 후에 신규 황제 골프장이라는 제이드 팰리스를 몇 번 갔습니다. 이름부터 팰리스(궁전)입니다. 수직 벙커에 긴 러프, 강원도의 자연의 맛을 살린 터프한 골프장이었습니다. 도전해볼 만한 코스였던 걸로 기억합니다.

이들 골프장에 가면 비밀의 정원 또는 왕의 정원에 초대된 기분이 듭니다. 멋진 클럽하우스에 캐디와 직원들은 골퍼를 왕처럼 모십니다. 겨우 기업체 부장인 필자에게 말이죠. 그런데 정장을 해야 하고 조용해야 하고

숍은 비싸고 매너를 지켜야 해서 눌리는 기분이었습니다. 이들 골프장은 감탄은 있지만 감동은 약했습니다. 그러나 당시 최고의 골프장들이었고 우리 골퍼들은 그것이 골프의 전형이라고 보았습니다. 요즘 필자의 귀에 두 골프장 이야기가 들립니다. 하나는 남해의 사우스 케이프 골프장입니다. 3년 정도 된 곳인데 2,500여 개 블로그가 올라와 있습니다.

> "자연경관을 해치지 않으면서 국내에 이런 곳이 있나 싶을 정도로 모든 사람들이 가보고 싶어 하는 곳… 이곳 하면 가장 먼저 떠올리는 클럽하우스 모습. 모든 것이 예술가의 작품으로 꾸며진 이곳은 영화, 광고 등의 배경이 되기도 하는 곳입니다. 방 배정을 받으면 카트로 친절히 숙소 동 앞까지 데려다줍니다. 한번은 이런 방에서 지냈습니다. 858,000원. 다음은 758,000원. 월드 클래스 수준의 라운드가 가능한 골프장을 가졌죠. 골프를 치게 된다면 한번 꼭 오고 싶습니다. 경치는 정말 좋습니다. 체력 믿고 트레킹 돌다가 죽는 줄…."

다른 젊은 여자 블로거가 올린 것을 보니 숍에서 조그만 장식품을 사려다가 너무 비싸 차마 못 샀다는 얘기도 있군요. 그린피가 무려 40만 원대. '한국에 이런 초특급 골프장이 생겼구나, 남해는 가뜩이나 절경인데 경치가 얼마나 좋을까' 하는 동경도 생깁니다. 더구나 이곳 오너스 클럽은 미국 골프다이제스트 선정 세계 100대 골프장으로 선정된 한국 골프장 5개 중 최상위라고 합니다. 가보고 싶습니다. 바다를 향해 샷을 날리는 것은 정말 호쾌한 일입니다. 그런데 이와 다른 초특급 프리미엄 골프장도 있습니다. 여주 트리니티CC, 신세계건설 소유인데 현재 블로그는 530개, 그중 하나를 임의로 보니 이렇습니다.

> "우리나라 상위 1%(아니 0.2%임)에 속하는 최고급 골프장 트리니티 CC를 함 소개해볼까 합니다. 여기 회원권 시세는 대략 25~26억 정도!! 넘사벽입니다… 아시아 100대 골프장에 포함되는 명품 코스입니다. 클럽하우스에 들어가면 럭셔리한 모습을 볼 수 있습니다. 평일은 1시간, 주말은 대략 20분 정도의 Tee-off 간격… 평일에 뭐 15팀 수준!! 지금까지 와본 골프장 중에서 최고! 부족한 부분이 없어서 뭐라고 코멘트를 할 내용이 없습니다. 그냥 최고입니다. 레스토랑, 바… 그런데 아무도 없네요. 정말 아무도 없어요. 해리포터에 나온 도서관 같습니다."

이런 골프장들은 '골프장이란 과연 무엇인가?'에 대한 논쟁을 일으킬 만한 곳입니다. 사회적 위화감 조성, 자연 경치의 사유화라는 비난도 나올 법합니다. 그러나 '우리도 이제 이런 곳쯤은 한두 개 있어야' 하는 관대함으로 보면 버킷 리스트, 인생 샷에 올릴 수도 있습니다. 방문자들은 경치, 클럽하우스의 예술성과 럭셔리, 프리미엄 가격과 노블 이미지에 감탄하죠. 보통 골퍼는 블로거들이 올린 사진만 봐도 목젖이 꿀떡합니다. 그런데 감동은 있을까요? 모르겠습니다. 감탄과 감동은 비슷한 말이지만 조금 다릅니다.

• 감탄(感歎): 마음속 깊이 느끼어 탄복함. admiration, wonder, awe

132

• 감동(感動): 크게 느끼어 마음이 움직임

감동은 마음이 움직이는 것입니다. 오래갑니다. 그래서 영어로도 be moved, touched, affected(by)라고 번역됩니다. 감탄이 그냥 깜짝 놀라는 감정 반응이라면 감동은 진탕할 정도로 심장이 움직이는 겁니다. 아무래도 큰 감동을 주면 더 위대함에 가까이 가겠죠. 우리는 블록버스터에는 감탄하고 영화 〈레미제라블〉, 〈신과 함께〉, 〈코코〉 등에는 감동합니다. 80세 어머니가 보내준 참기름, 아버지가 남긴 편지, 혼자 아기를 낳은 아내의 일기 등에도 감동합니다. 그런데 골프장에 과연 감동이 있을 수 있을까요? 그런 골프장 이야기를 보기 위해서 먼저 어느 주말 골퍼의 시간 여행을 보겠습니다. 그에게 골프란 무엇인지?

어느 주말 골퍼의
시간 여행

"승진 축하한다. 너 볼 잘 친다며?"

"조금 쳐."

"그럼, 하늘 한번 가자."

    그리고 2주 후 토요일 아침 8시, 하늘 코스로 부킹이 되었습니다. 오랜만에 대학교 친구들 넷이 치기로 한 겁니다. 올해 39세, 신참 부장이 된 황 부장 머리에 10월 절정기의 파란 잔디밭, 핑- 날아가는 하얀 볼과 친구들 얼굴이 떠오릅니다. '자-식들, 내 장타를 보여주마.' 그런 기대에 일을 즐겁게 합니다. 무슨 좋은 일 있느냐고 K과장이 묻지만 말하면 위화감 생깁니다. 금요일에는 1년간 안 가던 연습장에 갑니다. 졸업 20년 만에 만나는 동기들이니 연습해야 합니다. 보통 골퍼들은 골프 연습장에 가면 처음에는 어프로치, 그다음엔 7번 아이언, 5번 아이언, 우드를 치고 마지막에 드라이버를 치는데 황 부장은 몸 푸는 것 없이 바로 드라이버부터 연습합니다. 필드에서는 연습장처럼, 연습장에서는 필드처럼 하라는 격언대로 하는 겁니다. 인생도 마찬가지. 어프로치로 몸 풀 시간은 없습니다. 간만에 한 시간 쳤더니 갈비도 뻐근하고 땀이 납니다. 집에 들어가 샤워를 하고 밤에는 골프 채널을 시청해줍니다. 이미지 골프도 중요하니까요. 그렇게 또 일주일이 가고 목요일에는 스크린 골프장을 갑니다. 거기서 하늘 코스를 눌러 코스를 리마인드합니다.

비비디 바비디 부, 마법의 시간

두 번째 금요일, 드디어 내일입니다. 퇴근 후 바로 집에 갑니다. 이날은 골프 연습하면 안 됩니다. 잘 맞으면 건방져지고, 안 맞으면 자신감이 없어져서 다음날 레알 골프에 영향을 받습니다. 차 트렁크에서 골프백을 꺼내 클럽 14개를 확인하고 티, 볼, 장갑, 토시와 선크림을 확인합니다. 오케이! 모두가 얌전히 백 속에 있습니다. 식사를 하고 모자, 내의, 갈아입을 옷과 여벌의 양말을 챙기고 볼도 여분을 준비합니다. 요 정도는 아내가 챙겨주면 좋겠는데 절대 기대해서는 안 됩니다. 치러 가는 걸 모르는 척하는 것만 해도 감사한 거죠. 골프를 처음 치던 차장 때만 해도 "자기도 이제 골프 치는구나. 축하, 축하." 하던 아내가 골프장 간다 하면 표정이 우그러드는 데는 채 1년이 안 걸렸습니다. 뒤척이지 말고 딴 방에서 자라고 추방도 일쑤입니다. 토요일 5시 반에 알람을 맞춰둡니다. 그리고 책을 보는 척하는데 머리에 잘 안 들어옵니다. TV를 켜서 뉴스도 보고 동물 다큐멘터리도 봅니다. 사자가 나옵니다. '사자처럼 쳐주마.' 독수리가 날아옵니다. '내일 이글을 할 징조일까.' 벌써 10년을 쳤는데 왜 이럴까요. 10시 반쯤에 잠을 못 잘 것 같아서 소주를 반 병 마십니다. 골프를 배우고 나서부터 아침 골프는 늘 어릴 때 소풍가는 설렘입니다. 혼자만 좋은 데 간다고 시샘하는지 아내 표정이 좋지 않은 게 걸립니다.

다음날 새벽 4시에 눈이 떠집니다. 미치겠습니다. 더 자려고 필사적으로 엎치락뒤치락하는데 눈에 잔디가 보이고 볼이 보입니다. 갑자기 '윽, 버디' 그러다가 5시에 또 깨서 용수철처럼 일어납니다. 세수를 하고 대충 옷을 걸친 후에 보스턴백을 들고 조심조심 나옵니다.

아직 어두운 새벽, 차 시동을 겁니다. 부웅- 가자. 애마야! 차도에 들어서니 씽씽 정신없이 달리는 차들이 보입니다. '골프 치러 가는군!' 예전에 골프를 치기 전, 시골에 벌초 갈 때는 차를 보면 다 벌초 가는 차인지 알았습니다. 그런데 아는 만큼 보인다더니 이제는 다 골프장 가는 차로 보입니다. 가는 길이 흥분되고 즐겁습니다. 황 부장은 사실 골프 치는 시간보다 이 시간이 더 소중합니다. 무도회 가는 신데렐라가 이랬을까요. 호박 황금마차, 유리 구두, 골퍼렐라, 비비디바비디 부! 요정 할머니. 이 시간은 가능하면 천천히…. 졸음도 깰 겸 노래를 흥얼거립니다. 밥 딜런이 〈Pat Garrett and Billy the Kid〉라는 서부극의 내용을 표현한 불후

의 반전 노래 "♬ 낙 낙 나킹 온 헤븐스 도어…(knock knock knockin'
on Heaven's door. Mama, put my guns in the ground. I can't shoot
them anymore)"가 저절로 나옵니다. 지금 하늘로 가고 있으니까요. 그
리고 이어서 은하철도 999 "♬ 기차가 어둠을 헤치고 은하수를 건너면,
우주 정거장엔 햇빛이 쏟아지네. 행복 찾는 나그네의 눈동자는 불타오르
고. 힘차게 달려라 은하철도 999. 힘차게 달려라 은하철도 999." 흥겨우
면서도 페이소스가 있는 명곡입니다. 우리 인생은 은하철도 999입니다.
황 부장의 눈동자도 행복 찾아 불타오릅니다. 그렇게 혼자 놀다 보면 하
늘이 서서히 붉게 개입니다. 개벽의 시간. 아! 동심으로 돌아가는 마법의
시간입니다.

차창을 여니 바람이 좀 셉니다. 그럼 하늘로 가는 길인데. 그렇게 달려
서 송도, 인천대교를 지나니 까마득한 아래로 박무 속에 검은빛 바닷물이
거대한 생명처럼 꿈틀거리며 대교 밑을 흐릅니다. 다리를 지나고 톨게이
트에서 5,500원이 빠져나갑니다. '왕복 11,000원. 중간에 1,000원짜리 두
번이면 왕복 4천 원. 합 15,000원.' 고따위 계산을 하다가 길을 바꿔 인천
공항 방면으로 나갑니다. 이윽고 신불 IC(예전에는 여기가 신불도), 거의 다
왔습니다. 마음이 쿵쾅거립니다. 차 앞 유리에 말라붙은 새똥 흔적이 골프
볼로 보입니다. 이거 병입니다. 첫 사거리에서 왼쪽 신호를 받고 2~3분을
지나니 하늘 코스 표시판이 나옵니다. 언덕길을 올라가니 6시 40분. 희미
한 안개 속을 뚫고 멀리 수평선 끝이 붉은 듯 보입니다. 날씨 끝내준다는
예비 신호입니다. 클럽하우스에 차를 대자 골프장 직원이 골프백과 보스

턴백을 내립니다. 주차장에 차를 대고 나오니 바람이 찹니다. 10월 셋째 주 토요일의 아침. 이럴 때 불러준 친구가 새삼 고맙습니다. 사실 요즘 신규 브랜드 때문에 늘 머리가 아팠습니다. 일이 도통 잘 안 풀립니다. 안팎으로 "저 친구 한물간 거야?" 소리가 들리는 것만 같습니다. 아니, 이런 불쾌함은 털고 이제 친구를 만날 시간입니다. 골프를 친다는 것은 사막 같은 인생에서 아주 잠깐 오아시스로 들어가는 시간입니다. 그래서 우리는 사막을 걸을 힘을 재충전합니다.

하늘, 기원의 코스

로비에서 체크인을 하고 로커 번호를 받습니다. 참 친절한 카운터 직원들입니다. '저들은 몇 시에 일어날까.' 로커에서 옷을 갈아입고 모자를 쓰고 나오는데 친구가 막 들어옵니다. 중소기업 사장 하는 녀석입니다. 뱃살이 올랐는데 스트레스 살일 겁니다. 다 모인 식당에서 정말 오랜만에 안부도 묻고 골프 이야기를 하면서 우거지 해장국을 먹습니다. 옆 테이블을 보니 헉! 소주를 한 병 비웠네요. 골프를 즐기는 경지인 고수들이 분명합니다. 창밖으로 하늘 코스 전경이 새색시 환한 얼굴처럼 나타납니다. 그 경치에 압도됩니다. '저녁에 커피 한 잔 하면 끝내주겠다.' 아내 얼굴이 떠오릅니다. 고개를 돌리니 식당 TV에 박인비, 전인지가 나옵니다. 저 퍼팅! 정말 대단합니다. 그녀들은 손을 들어 웃지만 얼마나 많은 시간 지옥훈련을 했을까요. 저들의 손과 발바닥, 왼쪽 갈비는 틀림없이 사람의 것이 아닐 겁니다. 황 부장은 한 달 연습하는데도 갈비가 나간 줄 알았습니다. 사람들은 그녀들 억대 수입만 보지만 젊은 그녀들은 연중 내내 물설고 낯설은 외국 투어에 많이 외롭고 지칠 겁니다.

스타트 광장에 나가서 카트를 찾는데 키가 훌쩍 크고 시원한 인상의 캐디가 인사합니다. 어, 미쉘 위와 흡사합니다. 큰 키에 얼굴 상과 미소까지. 이름이 한상은. 황 부장 동반자들도 예상치 않은 캐디의 미모에 분위기가 뜨더니 그녀 주변에 참새처럼 모여듭니다. 수컷들은 어쩔 수가 없습니다. 드디어 인코스 첫 번째 홀, 친구들과 티 박스에 섰습니다. 앞에 호수를 넘겨서 쳐야 하는 파5홀입니다. 오른쪽 페어웨이는 넓습니다. 바다를 타고 불어오는 바람은 공을 멀리 띄워줄 거라고 굳게 믿습니다. 앞에 친구가 따악- 쳤습니다. 에구, 슈웅-풍당. 두 번째 친구는 장타라더니 볼 머리를 쳐서 간신히 호수를 넘어 떼구르르 굴러갑니다. 동반자들 입가에 회심의 미소가 번집니다. 황 부장 차례. 임팩트를 넣어 따악- 볼이 포물선을 그리며 장쾌하게 날아갑니다. 와 소리가 들립니다. 그런데 그만 끝에 슬라이스가 납니다. 나무들 사이로 들어간 것 같습니다. 김샙니다. 마지막 키 작은 친구는 똑바로 잘 날아갔습니다. 미쉘 위 닮은 캐디가 "사장님, 나이스 샷." 하는데 부아가 납니다. 그래도 황 부장은 1번 홀을 파로 마무리하고 카트를 타고 언덕으로 올라갑니다.

2번 홀에 서자 100여 미터 앞에 황량한 바위산이 보입니다. 그곳에 올라가면 하늘이 더 손에 잡히겠지요. 황 부장은 불현듯 바위산에 성화처럼 불을 피우면 멋있겠다는 생각이 듭니다. 골퍼들은 그 앞에서 마음의 기원을 올립니다. 이름하여 기원(祈願)의 홀. 그러면 하늘 코스는 다른 코스들과 완전히 차별화될 것 같습니다. 골프는 단순히 코드(code)가 경기만이 아니니 가능할 것도 같습니다. 2번 홀도 파. 시작이 좋습니다. 3번 홀, 파3홀은 보기. 그리고 4번 홀. 그린도 페어웨이도 보이지 않는 깜깜이 홀입니다. 100미터 앞이 낭떨어지고 페어웨이가 두 개입니다. 작심하고 쳤는데 에구 볼이 하늘로 높이 뜨더니 오른쪽 페어웨이에 떨어졌습니다. 거리 손해 많이 봤습니다. 카트를 타고 가서 아래를 보니 그린은 좁고 홀컵 옆에 벙커가 헉, 죠스 같은 아가리를 벌리고 있습니다. 남은 거리 130미터. 친구들은 전부 아래 페어웨이에서 거리를 재고 있는데 언덕 위에 홀로 된 황 부장이 승부수를 띄웁니다. '벙커 옆 프린지에 떨어뜨려서 볼이 튀어 온그린 되게 치자.' 8번 클럽 그립에 손 힘을 풀고 임팩트만 넣어서 사각-. 소리 좋습니다. 그림 같은 포물선을 그리며 벙커 옆에 떨어지더니 튀어서 홀컵 옆에 붙습니다. 대박입니다. 본 대로 갔습니다. 미스 샷은 뒤 팀도 보지만 오잘공은 동반자도 안 본다는데 웬일로 친구들이 와! 나이스 샷, 브라보 소리치며 박수를 보냅니다. 미쉘 위 캐디도 엄지 척입니다. 그리고 멋지게 버디로 마무리. 절로 기도가 나옵니다. '신이시여, 이것이 정말로 주말 골퍼가 가능한 샷입니까!' 4번 홀이 끝나고 캐디가 "너무 멋진 샷이에요. 여기 정말 어려운 덴데 잘 치시네요." 칭찬을 하더니 "잠깐만요." 하면서 전화를 합니다. 뭐지 하는데 카트 한 대가 옵니다. 빨간 유니폼을 입은 아가씨 둘이 내리고는 율동에 맞춰 노래를 부릅니다. "🎵 울렁울렁… 버디 좋아, 버디 좋아… 이다음엔 홀인원이야." 와, 말로만 듣던 버디송 모드가 이렇게 바뀐 모양입니다. 흥이 두 배로 올라갑니다. (이 서

비스는 지금은 하지 않음)

시간 여행 비행장

시간이 지나자 돈이 황 부장 뒷주머니에 모입니다. 나중에 캐디피를 혼자 내는 위풍당당함을 가지려면 일단 따는 게 좋습니다. 디봇 손질도 열심히 합니다. 캐디가 이 모습을 보고 있습니다. 아마 마음속으로 칭찬하고 있을 겁니다. 누군가의 칭찬을 받으면 그 기운이 내면으로 들어오니 이는 좋은 일입니다. 착한 일은 그래서 해야 하는 겁니다. 앞 팀이 잘 나가지를 못합니다. 대기하는 틈에 잠시 한 캐디와 말을 해보니 그녀는 어릴 때 태권도를 했고 나중에 티칭 프로가 꿈이라고 합니다. 태권도를 하면 엉덩이 근육이 발달하므로 골프에 유리합니다. 그녀는 하늘 코스에서 일하는 것은 행운이라고 합니다. 황 부장은 20대 그녀가 세상을 보는 눈이 곱다고 생각합니다. 6번 홀, 인천공항으로 달리는 차들이 눈에 들어옵니다. 여전히 앞 팀이 잘 나가지를 못합니다. 캐디가 옆으로 오더니 "차를 타고 공항으로 가다가 이곳 하늘 코스를 보면 그렇게 골프를 치고 싶대요. 그래서 하늘 코스가 더 인기인가 봐요. 여기 부킹하기 힘들거든요. 하늘, 바다, 공항 참 이국적이죠?"라고 합니다.

9홀 전반전이 끝났습니다. 스코어 카드를 보니 오! 3오버 39타. 친구들은 43타, 46타, 50타입니다. "너 골프만 쳤냐?" "거리 엄청나네." 등의 소리에 우쭐합니다. 스타트 하우스 식당에서 맥주 한 잔씩 합니다. 창으로 바깥을 보니 연습 그린에 쭉 뻗은 S라인 아가씨도 몇 보이고 반사 선글라스 낀 수탉들도 보입니다. 친구 시선을 따라가니 퍼팅 연습하느라 엉덩이를 쭉 내민 아가씨 뒤태가 보입니다. 친구가 속삭입니다.

"여기 물 좋은데. 흐흐."

부킹한 친구가 바로 답합니다.

"여기 퍼블릭이래도 보통 회원제보다 한 수 위야. 그린피도 꽤 비싸."

한 친구가 볼멘소리로 대답합니다.

"거기다가 톨(Toll) 비까지 치면 서울 근교 회원제보다 비싸다. 임마."

"그런데도 쟤네들 치러 온다. 응?"

"할아버지가 부자겠지 뭐."

요따위 얘기하고 있는데 창밖에서 미쉘 위가 손짓합니다. 천천히 모자를 쓰고 나가는데 다들 다리가 흐느적거립니다. 전부 잠을 못 잔 모양입니다. 황 부장만 골프 환자가 아니었습니다. 10시 반, 바람이 좀 멎었습니다. 또 골프를 칩니다. 그런데 아웃코스 6번 홀 경사진 곳에 돌탑과 미쉘위 목각 등신대가 보입니다. 진짜 미쉘 위가 요즘 잘 안 풀리는 모양이던데. 그럼 저 돌탑과 목각도 기원 코드? 이 골프장은 정말 기원의 코드를이해하고 있고, 스토리텔링을 할 줄 아는 골프장 같습니다. 다음 홀에 붕어빵 포장마차가 나타납니다. 붕어빵을 친구들과 먹으니 참 감개무량입니다. 레트로(Retro) 감성 트렌드를 노린 거라면 멋지게 통한 겁니다. 어묵 한 컵에 청주 한 잔 마십니다. 잠시 골프를 놓고 하늘의 언덕에 서니

바람이 세게 붑니다. 하늘이 더 가까이 보입니다. 언제 하늘을 올려다봤던가요. 눈을 내리면 잔디가 파랗습니다. 다시 눈을 올리면 비행기가 연신 하늘로 날아오릅니다. 하늘로, 세계로. 아무래도 여기는 시간 속 오아시스, 시간 여행 비행장 같습니다.

　　그곳에 가면 바람이 분다.
　　버디를 한 친구 입이 헤벌쭉
　　미쉘 위 모습이 슬퍼 보였는데
　　붕어빵에 우리 가난했던 시절이 보인다.

청주에 어묵, 친구들아,

웃다 휘두른다.

휘두르다 하늘을 본다.

그곳에 가면 바람이 분다.

바람 하늘이 된다.

어디로 가는 바람인지

여기는 시간 여행 비행장.

놀이와
골프

"다음주 토요일에 운동할까?", "볼 치러 갈래?"처럼 운동, 볼을 치다, 공놀이, 라운드. 골프를 치자고 할 때 쓰는 말들입니다. 반면 이런 말도 있습니다.

　"골프가 무슨 운동이야, 산책하면서 자치기 하는 거지."

　"골프는 신사의 스포츠이지."

　사람들이 관행적으로 쓰는 이런 말에는 그들이 생각하는 특정 개념이 담겨 있게 마련인데 골프에는 이처럼 참으로 다양한 말이 쓰입니다. 축구 하자, 야구 하자, 볼링 치자는 비교적 한 용어로 정리되어 있는데 골프는 꽤 다양합니다. 왜 그럴까요? 골프가 그만큼 복합적인 코드이기 때문입니다. 그래서 골프의 코드를 말하기 전에 먼저 용어 정리를 하고 넘어가야겠습니다. 운동, 스포츠, 체육, 놀이, 게임입니다. 쉬운 것부터 합시다. 체육과 운동은 영어로 보면 쉽게 구분됩니다. 체육은 신체 훈련(Physical Training)으로 쉬운데 운동은 조금 더 넓습니다. 운동은 exercise, sports, athletics 등으로 번역됩니다. 이중 스포츠는 따로 정리하고, 애슬레틱스(athletics)는 운동경기로 번역되지만 어원상 주로 고대 그리스에서 주로 하던 달리기나 높이뛰기 같은 육상 경기에 국한됩니다. 여기까지는 비교적 구분이 쉽습니다. 그럼 이제 게임, 놀이, 스포츠가 남습니다.

게임, 스포츠, 놀이

먼저 게임(Game)은 경기 또는 시합을 뜻합니다. 체육학대사전에 따르면 원래의 뜻은 어뮤즈먼트(amusement), 즉 위안, 오락, 유희 등이며 동의어로는 펀(fun), 플레이(play), 스포츠(sport), 엔터테인먼트(entertainment) 등이 있다고 나와 있습니다. 게임에는 트럼프와 같은 정적 게임과 근육 운동이 따르는 동적 게임이 있습니다. 물론 체육에서는 동적 게임만을 다룹니다. 이렇게 보면 게임은 스포츠와 일정 부분 겹치는 것이 있습니다. 스카이72가 "골프에서 펀을 찾아라."고 했는데 그렇다면 골프=게임이라는 개념을 염두에 두고 있음을 알 수 있습니다.

다음은 스포츠입니다. 생각보다 복잡한 용어입니다. 일단 스포츠는 경쟁과 유희성을 가진 신체 운동경기의 총칭을 말합니다. 심한 육체 활동이나 연습의 요소도 포함합니다. 그래서 오늘날 체육과 스포츠를 명확히 구분해서 말하기는 어렵기도 합니다. 그런데 어원은 확연히 구분됩니다. 스포츠의 어원은 네이버백과를 따르면, 라틴어의 '물건을 운반한다'라는 portre에서 변해온 것입니다. 13세기경에 프랑스어인 de(s)port=disport로 되었고, 거의 같은 무렵에 영어인 sporte로 다시 변했는데, 원어에서 dis라는 것은 '분리'의 뜻을 나타내는 접두어로 away에 해당하며, port는 '나르다'라는 뜻입니다. 따라서 disport는 carry away라는 뜻으로, 즉 '자기 본래의 일에서 마음을 다른 곳으로 나르는 것', 다시 말하면 '일에 지쳤을 때에 기분을 전환하기 위하여 무엇인가를 하는 것'이라는 의미로 바뀌었습니다. 프랑스어나 영어로 전화한 13세기 무렵은 인간임을 자각하는 르네상스가 일어난 뒤고 서민들이 부분적이나마 권리를 주장하기 시작한 무렵입니다. 이때 '엄하고 가혹한 작업이나 노동에서 잠시 벗어나 기분전환을 한다.'는 뜻으로 쓰인 것입니다. 농민·기술자 등 일반인이 달리고, 뛰고, 헤엄치고, 공을 차고, 힘을 겨루고 한 모든 것이 스포츠이며, 어느 경우에는 도박도 이에 속했다고 하는군요. 오늘날 말로 하면 이런 거겠죠. "자, 기분도 그런데 주말에 볼 한번 차고 풀자고. 엉." 이럴 때 하는 놀이 또는 운동, 경기가 바로 스포츠인 겁니다. 이 스포츠 개념이 국제화된 것은 19세기 이후의 일이며 그 후 스포츠의 포함 범위가 넓어져 웬만하면 다 스포츠라고 할 정도가 되었습니다. 이를 모 스포츠 전문가는 영웅적으로 묘사합니다. "가장 순수한 형태의 스포츠는 '진짜 세상'이 부과한 모든 걸림돌과 장애가 사라지고 가장 의지가 굳고 성실하며 자신감 넘치는 사람들이 승리할 수 있는 공평한 경쟁의 장을 제공하는 유토피아."라고요. 하나 더 정의를 보자면, 영국 스포츠 사회학자인 P.C. 매킨토시는 스포츠를 ①경기 스포츠 ②격투기 스포츠 ③극복 스포츠의 3개 범주로 나누는데 앞의 두 가지는 사람 대 사람의 경쟁과 힘겨루기로 상대에게 이기는 것이 목표인데 반해, 극복 스포츠는 자연의 장애에 도전하여 극복하고자 하는 데에 특색이 있습니다. 그의 구분대로라면 골프는 ①과 ③에 해당되겠군요.

놀이로써의 골프

세상은 일과 놀이로 구분됩니다. 잘 놀아야 일도 잘됩니다. 일만 하면 아레나 허핑턴 여사가 말하듯이 번 아웃(Burn-out) 됩니다. 한국의 중노년층은 1970년대부터 '중단 없는 전진' 운동으로 일개미처럼 일만 하고 잘 놀지를 못해서 슬프게도 집단 번 아웃 상태입니다. 그러니까 욜로, 소확행. 잘 노는 요즘 젊은이들을 보면 부아가 치미는데 그러면 안 됩니다. 이 책을 읽는 분은 지금보다 잘 놀아야겠습니다. 그렇게 보면 놀이는 개인적인 것이 아니라 사회적인 이슈이기도 합니다. 앞서 한국엔 유머가 중요하다고 여러 번 강조했었습니다. "유머는 유아기의 놀이적 마음 상태로 돌아가게 하는 어른들의 해방감"이라고 한 프로이트의 말을 생각해 보십시오. 유머가 유아기 놀이적 상태로 돌아가게 하는 어른들의 해방감이라는데, 그렇다면 어른들의 해방을 위해 놀이는 유머만큼이나 중요한 겁니다.

프랑스의 유명한 사회학자인 로저 카유아(Roger Cailluis)는 사회적인 삶 속에서 드러나는 성스러운 표현 방식을 주로 연구했는데, 그의 책 〈놀이와 인간〉에서 인간은 놀이를 통해서 일상을 위반하고 상호일체감, 해방감, 카타르시스를 느낀다고 하면서 놀이를 하는 정신은 가장 높은 수준의 문화 활동을 하게 하는 원동력일 뿐만 아니라 개인의 지적 발달과 정신교육에서 중요한 역할을 한다고 설파합니다. 춘천마임축제 감독도 하는 필자가 볼 때 이 놀이의 기능은 축제의 기능과도 그대로 통하는 것 같습니다. 그는 놀이가 가진 규칙성의 유무에 따라 '파이디아(paidia)'와 '루드스(ludus)', 그리고 놀이의 속성에 따라 '아곤(agon, 경쟁놀이)', '알레아(alea, 우연놀이)', '미미크리(mimicry, 역할놀이)', '일링크스(illinx, 현기증)' 등의 개념을 구분합니다.(〈축제 이론〉 류정아) 어렵거나 새로운 것이 아닙니다. 사실 이 대부분은 우리가 다 하는 것들입니다. 하나하나 볼까요?

- 파이디아: 통제되지 않은 일시적인 기분 표출로써 기분 전환, 소란, 자유로운 즉흥, 대범한 발산 등의 공통원리가 지배하는 것. 기분 놀이. 난장 축제, 야자 타임, 막춤 등.

- 루두스: 결과에 도달하기 위해서 변칙들을 계속 만들어내고 이를 더욱 어렵게 만들어서 불편하고 힘들게 하며 장애물을 극복하는 놀이. 운동경기, 서커스, 바둑이나 체스 등.

- 아곤: '경쟁'을 의미하는 그리스 말로 경쟁자와 겨뤄서 자신의 우수성을 인정받고 싶어 하는 인간의 욕망이 놀이로 표현된 것. 따라서 아곤 놀이에서 만족

을 얻기 위해서는 지속적인 관심과 적절하고 부지런한 연습과 노력, 승리하고

자 하는 의지 등을 겸비. 사냥, 퍼즐 놀이, 운동경기 또는 전자오락 게임 등.

- 알레아: 라틴어로 주사위 놀이라는 말로 놀이하는 자의 의지와 상관없는 운수

나 요행, 또는 운명에 놀이의 결과를 맡기는 것. 징조라고 생각하는 것에 자기

의지 포기. 카드 게임이나 주사위 놀이, 제비뽑기, 복권 놀이, 윷놀이, 슬롯머신

같은 놀이.

- 미미크리: 시간과 공간적 한계를 정해놓고 일시적으로 내가 아닌 다른 사람이

되어 보는 것. 즉 허구적인 가상공간, 가상인물이 되어 있다는 자체를 즐기는

것. 가장무도회, 의사 놀이, 엄마아빠 놀이 또는 연극 행위 등.

- 일링크스: 현기증이 나서 어지럽고 비틀거리고 일시적인 공포 상태에 들어가

는 것을 즐기는 것. 회전목마, 그네타기, 제자리 돌기, 서커스나 롤러코스터, X

게임 스포츠, 스키 등.

　이중에서 자신이 어떤 놀이를 좋아하는지 알면 자기의 성격이나 지향, 사교 타입도 나올 겁니다. 카유아 교수가 정한 기준대로라면 골프는 놀이로서는 루두스, 아곤 유형 놀이에 속한다고 봐야겠습니다. 이상의 용어들을 정리하면 골프는 운동(걷거나 뛰기), 체육(지독한 연습), 스포츠(기분 전환, 상태 이탈), 놀이(아곤, 루두스), 게임(경기, 유희), 엔터테인먼트(대회, 갤러리) 등의 속성을 다 가지고 있는 멀티 콘텐츠 스포츠라는 겁니다. 그래서 사람들이 골프에 대해 쓰는 용어가 그렇게 다양하고, 문화권과 시대마다 골프에 대한 연상 내용이 다릅니다. 코드(Code)란 말이 있습니다. 문

화, 경영, 마케팅 등에 아주 중요한 개념입니다. 다음엔 컬처코드 개념을 살펴보고 한국 골프의 컬처코드는 무엇일지 같이 생각해보겠습니다. 스카이72는 과연 어떤 코드로 골프 문화를 바꾸고 싶어 했던 걸까요?

골프의
컬처코드

콘텐츠 기획자, 마케터 등이라면 컬처코드라는 개념을 알아야 합니다. 이 것을 모르면 공부 안 하는 하수가 분명합니다.

음식에 대한 미국인의 코드는 '연료(fuel)'다. 미국인이 음식을 다 먹고 나서 '배가 찼다'고 말하는 까닭은 무의식적으로 음식 먹는 것을 연료 공급으로 생각하기 때문이다. 그들의 사명은 자신의 연료통을 가득 채우는 일이므로 그 일이 완료되면 임무를 완수했다고 알리는 것이다. 흥미로운 점은 미국 어디에서나 고속도로에서 주유소와 음식점을 겸한 휴게실을 찾아볼 수 있다는 것이다.

위의 인용문은 정신분석학자이며 문화인류학자인 클로테유 라파이유 박사가 명저 〈컬처코드〉에서 미국인의 음식에 대한 코드를 설명한 글입니다. (필자는 그가 한국에 와서 아리랑 코드 관련 강연을 했을 때 이야기를 나눈 적이 있습니다. 그는 아리랑 코드를 '통과(Passage)'로 꼽더군요. 아리랑은 현대 세계에 소통을 가로막는 고개를 뚫는 인류의 자산이라면서) 2007년에 이 개념이 소개되자 한국 마케팅과 문화 생태계가 한 차례 출렁인 바 있습니다.

컬처코드는 '자신이 속한 문화를 통해 일정한 대상에 부여하는 무의식적인 의미'로써 쇼핑, 건강, 음식, 사랑, 직업, 정치 등 삶의 여러 곳에서 우리가 사고하고 행동하는 데 영향을 미칩니다. 우리는 특정 문화 속에서 살면서 경험을 하고 그것을 무의식에 각인하게 되는데 저자 말로는 각인과 코드의 관계는 자물쇠와 비밀번호의 관계와 같습니다. 자물쇠는 올바른 숫자로 맞춰야 열 수 있겠죠. 라파이유 박사는 비밀번호, 즉 코드를 찾아내면 우리의 가장 근본적인 문제 중 하나인 '우리가 현재와 같은 방식으로 행동하는 이유'를 알 수 있는 '새로운 안경'을 얻게 된다고 주장합니다. 코드는 사람들이 어떻게 다른가를 이해하는 방법을 제시해준다는 거죠. 앞에서 미국인에게 음식의 코드는 연료지만 프랑스인에게는 '연주'라고 합니다. 그래서 프랑스인은 마치 연주를 음미하듯이 2~3시간 느긋하게 저녁을 즐깁니다. 거기서 한국인이 식당에서 버릇처럼 외치듯 "빨리빨리" 했다가는 경치는 거죠. 그 컬처코드를 몰라서 디즈니가 프랑스에서는 초기에 죽을 쒔다고 합니다. 프랑스인은 미국인처럼 빨리빨리 안 움직이고 한자리에서 수다만 떠는데 그러면 장사가 안 되지요. 유럽과는 달리 미국인은 유독 야구를 좋아하는데 그럼 야구의 컬처코드는 뭘까요? '홈'입니다. 왜일까요? 미국인은 대부분 이주자죠. 그들은 그들 나라가 현대판 노아의 방주라고 믿습니다. 떠나온 고향이 늘 그립습니다. 그래서 그들은 홈에 대한 갈구를 합니다. 존 덴버의 노래 〈테이크 미 홈 컨트리로드〉는 아직도 인기고, 국민 스포츠인 야구는 홈에 들어오면 점수가 나며, 사이트 페이지의 처음은 프론트나 퍼스트가 아니라 홈페이지입니다.

라파이유 박사는 유명한 구조주의 인류학자인 클로드 레비스트로스의 제자입니다. 그래서 그는 책에서도 "내용이 아니라 구조를 보라."는 말을 합니다. 구조는 구조주의 언어학에서 쓰이는 용어로 '어떤 층위의 단위를 분절하는 관계의 독특한 형태'인데 좀 어려우니 다층적 관계라는 말로 들으면 좀 편할 겁니다. 엄마는 여자이지만 동시에 남편, 아이와 다층적 관계를 갖기 때문에 엄마는 구조입니다. 여자로서 엄마는 생물학적으로 동일하지만 사회적 의미는 완전히 달라집니다. 라파이유 박사가 컬처코드에 주목하게 된 것은 크라이슬러사의 지프(Jeep) 차에 대한 마케팅을 의뢰받으면서부터입니다. 그는 기존의 리서치 회사가 하던 방식인 소비자 니즈를 캐는 조사 방법을 버리고 "지프는 당신에게 무슨 의미입니까?"를 묻는 심층의식 조사(밤에 방에 편하게 실내복으로 누워서 자유롭게 얘기하는 방식도 동원)를 통해서 지프가 미국인에게는 '말'의 의미를 갖는다는 것을 발견합니다. 그래서 디자인과 광고를 확 바꾸어 대성공을 거둡니다. 미국에서의 광고는 광활한 대륙을 지프가 마치 말을 타는 것처럼 달

154

리는 내용이었죠. 그런데 이 지프 광고가 프랑스인이나 독일인에게는 통하지 않았습니다. 왜 그랬을까요? 그 나라 컬처코드가 다르기 때문이었습니다. 독일인이나 프랑스인에게 지프는 말이 아니라 2차 세계대전 때 자신들을 해방하러 온 미군과 관련되어 각인되어 있던 겁니다. 2차 세계대전은 그들에게 너무나 충격적인 경험이었으니까요. 그런 그들에게 지프는 '해방감'으로 코드가 각인된 거죠. 그래서 독일 등에서의 광고는 지프를 타면 마치 해방되는 것 같은 느낌으로 제작되어 역시 성공을 거듭니다. 이런 컬처코드가 응용되면 좋은 전략을 만들 수 있습니다. 자장면의 컬처코드는 뭘까요? '♪어머니는 자장면을 싫어하셨어.'라는 노래가 있는데 가난했던 시대에 어머니는 아이들 생각에 자장면을 먹지 못합니다. 그럼 자장면은 '사치'인 겁니다.

골프의 컬처코드?

해방 이후 우후죽순 들어선 골프장들은 골프를 성공한 사람들 간의 '은밀한 사교'로 보았습니다. 이름도 컨트리클럽입니다. 지역에서 성공한 사람들만 가입이 되고 이용이 가능한 클럽. 그래서 으리으리한 클럽하우스를 만들고 종업원을 스튜어드처럼 꾸미고 음식 가격은 비싸게 책정한 거죠. 의상부터 매너까지 엄격하게 규정을 지켰습니다. 코드 때문입니다.

그러나 사교나 접대 코드는 이제 30~40대 차장이나 부장, 자영업자 등에게는 안 통합니다. 그들은 그렇게 성공한 사람도 아니고 젊으며 골프를 게임으로 즐깁니다. 누군가 축구의 컬처코드를 '사냥'으로 해석한 사람이 있는데 (골은 위험한 짐승, 불은 화살이나 창, 관객은 몰이꾼, 축구선수는 사냥꾼) 필자는 골프의 코드가 '놀이'와 '무도회', '전투' 세 가지 사이에 있다고 봅니다. 지프가 미국인에게는 말, 독일인에게는 해방으로 작동했듯이 사람들에 따라 코드가 다른 겁니다. 놀이는 이해할 테고, 그런데 사교가 아니라 무도회(Ball. 라틴어로 '춤추다'를 뜻하는 Ballare에서 유래)라는 것에 유의 바랍니다. 사교나 무도회가 비슷한 것 같지만, 사교는 꼭 로터리 클럽이나 라이온스 클럽처럼 춤이 아니어도 되는 반면 무도회는 정장을 하고 춤을 추어야 한다는 점에서 사교와는 다릅니다. 골프가 무도회인 것은 우리는 마치 무도회에 가듯이 몇 달 전부터 춤을 배우고 화려한 골프웨어를 입고 일정 격식에 따라서 여러 명이 골프 춤을 추고 다양한 사람을 만나기 때문입니다. 40~50대 성공한 사람이나 부유층 자제, 또는 여성에게는 이 무도회 코드가 비교적 맞을 겁니다. 그런 분들은 클럽 가격이나 명성, 캐디백과 보스턴백 브랜드, 그리고 의상에 신경을 씁니다. 특히 여자들은 샷의 거리나 임팩트, 최종 스코어보다 우아한 스윙 자세에 더 신경을 쓰죠. 당연합니다. 스윙(춤) 자세가 엉망이면 "에구, 싸구려한테 엉터리로 배우셨군."라고 망신당하니까요. 반면 새로 골프계에 들어온 30~40대 젊은 중산층 남자에게 골프는 무도회가 아니라 전투에 가깝습니다. 당장 스카이72 연습장 이름이 드림골프 레인지입니다. 레인지(Range)는 군사 용어로 사격 연습장이라는 뜻입니다. 스카이72 코스마다 '복수의 종'이 있다고도 했죠? 필자는 골퍼들이 치는 14개 클럽이 도구가 아니라 무기로 보일 때가 있는데 필자만 그런 걸까요? 옛날에 전장에 나갈 때 준비하는 18반 병기가 생각납니다. 14개 클럽 중 먼저 드라이버를 장창이나 언월도처럼 크게 휘둘러 분위기를 장악하고 다음엔 다양한 무기를 쓰며 광활한 페어웨이와 러프, 벙커를 뚫고 공격 대상인 그린까지 가서 깃대를 내려놓고 마침내 홀에 볼을 넣으니 영락없는 전투입니다. 요즘은 거리 측정기로 목표지를 들여다보는데 이 역시 과거 전투에서 망원경으로 적진을 살피는 캡틴 포스입니다. 한국 골프장들은 대체로 여유가 별로 없고 급합니다. 하수들은 때로 뛰어야 합니다. 언덕이 있으면 땀도 나고 숨도 헉헉합니다. 거의 전투지요. 버디는 적장을 한 칼에 벤 겁니다. 그런 전공을 세운 전사에게 캐디 아가씨가 나비 모자 핀을 꽂아주는데 전투 컬처코드가 맞다면 나비 대신 클럽에 훈장처럼 달 수술이나 큰 술 한 잔 주어야 하는 건 아닐까요?

아이디어: 만일 놀이, 무도회, 전투 등의 이런 코드 분석이 타당한 것이라면 골프장 코스마다 좀 더 다른 서비스 설계가 가능할 겁니다. 이를테면 하늘 가까운 하늘 코스와 가든 형인 레이크에서는 무도회 코드에 맞춘 서비스를 제공하는 것이 어떨까요? 반면 오션 코스에서는 30~40대 남성들에 맞는 전투형 서비스를 강화하는 거죠. 그럼 코스 간의 콘셉트도 더 차별화되고 골퍼들은 더 분명한 코스 선택 기준을 가지게 될 겁니다.

스카이72는 골프의 컬처코드를 '경기'로 본 듯합니다. 경기는 놀이의 어른스러운 표현이죠. 전에 스카이를 소개한 몇 개 칼럼(이기동 박사. 골디럭스 대표. 이투데이 연재글 참조)에도 그렇게 소개되어 있습니다. 거기서는 사교나 접대가 아니라 경기로 보는 관점의 변화라고 되어 있는데 그게 컬처코드인 겁니다. 그래서 '사교'로 코드가 각인된 정통 골퍼 또는 나이 있는 분들은 스카이72에 오면 다소 어색해하거나 불쾌해합니다. 반바지 입은 불량한 것들이 돌아다니고 버디송, 붕어빵, 화장실에 붙은 글판 등이 싸구려 이벤트로 보이겠지요. 1950~1960년대에 귀족 예술 취향을 고수했던 영국과 프랑스가 미국 팝아트나 개념예술을 예술도 아닌 잡것으로 폄하했듯이 말이죠. 그런데 가격은 회원제 골프장 뺨치게 비싸니까 뭔가 사기당하거나 손해본 기분일 겁니다. 필자는 7~8년 전만 해도 모 기업 중역이 "스카이72엔 왠지 나이 있는 중요 고객을 데려오면 실례"라고 하는 얘기를 들었습니다. 물론 지금은 "거기 명문이죠."라든지 "좀 어려운 골프장이기는 하지만… 허허허."라고 하지만 아직도 어떤 중역은 스카이72를 B급 골프장으로 폄하해 버립니다. 컬처코드가 그렇게 무서운 겁니다. 어쨌거나 스카이72의 골프 코드 혁신으로 현재 한국 골프장의 코드는 점점 더 젊어지고 코드도 놀이나 무도회, 전투 코드로 바뀌고 있는 것은 분명합니다.

스카이72의
성공 포인트 9가지

미국을 기준으로 본다면 현대적 의미의 경영 역사는 100여 년이 됩니다. 경영은 시대가 지나면서 그 목표가 계속 바뀌어왔습니다. 자신들의 킹덤을 만든 카네기, 반더빌트, 모건, 존 록펠러 등이 지배하던 시기에 경영의 목표는 시장 지배와 이윤 창출이었습니다. 노동자를 탄압했고 정부와 결탁했으며 카르텔을 맺었습니다. 이 폐단이 너무 커서 테디 베어 스토리로 유명한 시어도어 루스벨트 대통령은 트러스트 방지법을 만들었고, 현대 경영학의 아버지로 불리는 피터 드러커는 "기업의 존재 이유는 고객의 가치 창출"이라고 못박았습니다. 이는 위대한 제언이었지만 그 후에도 기업의 현실은 그렇지 못했습니다. 앞에서는 고객을 왕이라고 하고 뒤에서는 개로 봤습니다. 고객을 길들이려고 한 겁니다. 기업이 난립하고 경쟁이 격화되면서 경쟁 전략, 원가 절감을 통한 이익 창출이 중요해졌고 그후 인수 합병 등으로 주주 자본주의가 강화되면서 주주 만족 등이 주요 경영 목적이 되었습니다. 그러다가 2008년 금융 장난, 분식 회계 행태 등이 적나라하게 드러나면서 금융·기업계가 한 번 휘청했습니다. 이런 과정에서 종업원과 공동체 이익은 경시되었습니다.

그래서 큰 반성이 일었습니다. 그리고 지속 가능 경영 개념이 대두되면서 기업의 사회적 책임이 중요한 요소로 자리 잡았습니다. 경쟁전략 이론으로 유명한 마이클 포터 교수와 마크 크레머가 뜻밖에도 2011년에 '공유 가치 자본주의(SVC. Shared Value Capitalism. 한국에서는 CSV로 더 잘 알려짐)'를 제안했습니다. ①고객과 사회적 이익 창출에 도움이 되도록 제품을 재검토하고 ②가치사슬의 효율성과 지속 가능성을 높이며 ③지역 공동체 발전을 활성화하자는 것이 공유 가치 자본주의의 3대 미션입니다. 이와 보조를 맞추는 책이 이어서 나왔습니다. 〈포춘〉이 16년 연속 일하기 좋은 기업으로 선정한 홀푸드 설립자 존 매키와 라젠드라 시소도어 마케팅 교수가 쓴 〈돈 착하게 벌 수는 없는가(Conscious Capitalism)〉도 그중 하나입니다. 이 책의 부제는 '기업의 영웅 정신 해방(Liberating the Heroic spirit of Business)'입니다. 시소도어 교수는 한국에도 몇 번 왔는데 한국 대기업들에 쓴소리를 하고 갔습니다. 그가 말하는 깨어 있는 기업은 모든 주요 이해관계자(직원, 고객, 투자자, 공급자, 공동체, 환경)를 위해 재무적, 지적, 사회적, 문화적, 정서적, 영적, 신체적,

생태적 부를 창출하려는 열망이 있어야 합니다. 그는 구글, 스타벅스, 사우스웨스트 항공, 웨그먼스, 코스트코, 조던스, 트레이더조 등과 한국의 포스코를 꼽았습니다. 이런 기업이 사랑받으며 이는 세계적 베스트셀러인 〈좋은 기업을 넘어 위대한 기업으로(Good to Great)〉에서 짐 콜린스가 주장한 '위대한 기업'들보다 비전, 윤리성뿐만 아니라 장기적인 시장 평균 수익률도 높다고 합니다. 존 매키와 라젠드라 시소도어 교수가 공저한 책의 목차를 보면 깨어 있는 자본주의의 비전을 볼 수 있습니다. 책의 목차는 네 개의 신조(Creed)를 따릅니다. '신조'라는 말은 매우 무거운 말입니다. 미국은 미국의 국부(國父)들이 만든 신조를 미국의 근원으로 믿으니까요. ▲1신조- 높은 차원의 목적과 핵심 가치 ▲2신조- 이해관계자 통합 ▲3신조- 깨어 있는 리더십 ▲4신조- 깨어 있는 문화와 경영으로 구성되어 있습니다.

필자가 이상 경영의 흐름과 마이클 포터의 SVC 개념, 존 매키와 라젠드라 시소도어의 깨어 있는 자본주의 등을 언급한 이유는 스카이72가 골프장임에도 불구하고 그 '깨어 있는 흐름'에 많이 부합한다고 보기 때문입니다. 부합할 뿐더러 일부 요소는 넘어서기도 합니다. 필자 생각이지만 만일 스카이72가 미국이나 영국의 골프장이었다면 아마 전 세계에서 벤치마킹을 하러 올 가능성이 높습니다. 필자는 그래서 차후 여러 경영학자나 마케팅 전문가들이 스카이72 사례를 여러 관점에서 제대로 연구해주기를 바랍니다. '스크린 골프를 만든 한국에는 스카이72 같은 기발한 골프장도 있다.' 멋있지 않습니까?

필자는 이제 그 근거를 9가지 측면에서 볼 것입니다. 좀 많은가요? 그러나 그 9가지는 스카이72의 성공 포인트이면서 또한 한국 경영이 지향할 요소이며 사회적 자산이니 많다 할 수는 없을 겁니다.

1. 류(流)를 만들다

더 잘하는 것보다는 다른 것이 중요하다(different than Better). 이 말은 경영에서 격언처럼 쓰이는데 이와 관련해서는 늘 두 개의 엇갈린 주장이 함께합니다. 모방 전략과 차이 전략이 그것입니다. 수년 전에 매경 지식포럼에 왔던 마케팅 석학 잭 트라우트(베스트셀러 〈포지셔닝(Positioning)〉 저자)가 단적으로 강조한 말이 있습니다. "차별화하라, 그렇지 않으면 죽는다(Differentiate, or Die)." 그 자리에서는 다들 고개를 끄덕였는데 그러나 과연 늘 그럴까요? 흔히 모방은 나쁘다고 하지만 그건 아닙니다. 〈모방 전략(Managing imitation strategies)〉을 쓴 스티브 슈나즈 같은 경영학자뿐만 아니라 프랑스 심리학파 사회학자로 미국 사회학에 많은 영향을 미친 가브리엘 타르드도 〈모방의 법칙〉에서 인간은 다양한 모방을 통해서 발전해왔다고 설득력 있게 주장하니까요. 월마트 창업자 샘 월튼도 "나는 다 베꼈다. 다만 완벽하게 베꼈을 뿐이다."라고 공공연하게 말합니다. 스티브 잡스의 아이디어 대부분은 그의 것이 아니고(스탠포드 대학교 졸업연설에서 말한 "Stay hungry, stay foolish"도 70년대에 스튜어트 브랜드가 쓴 〈지구백과〉의 뒤표지 글임), 삼성은 그런 애플과 특허 침해로 자주 붙습니다. 그럼에도 그들은 달라 보입니다. 요소만 보면 비슷하지만 여러 구성 요소들을 결합하는 방식이 달랐기 때문이지요. 그 다른 결합 방식으로 그들만의 류(流)를 만듭니다. 이것을 하버드 대학 문영미 경영학 교수는 "넘버원보다 온리 원(Only One)이 돼라."는 말로 표현합니다.

온리 원 전략으로 류를 만들려면 요소들의 결합 방식이 달라야 합니다. 그러니 '00스럽게 결합'이 중요한 것이죠. 한류를 대표하는 KPOP은 미국이 전해준 랩, 댄스, 리듬감을 칼 군무, 빠른 리듬과 후크, 시건방진 눈빛, 뮤직비디오와 유투브라는 미디어 활용 등으로 변조시켜 그들만의 류를 만듭니다. 애플도 여러 요소의 창조적 결합으로 결국 현대 마케팅의 새로운 키워드가 된 소비자 경험(UX, User Experience)이란 것을 만들어냈죠. 삼성이나 IBM도 각각 삼성 스타일(속칭 최고의 Fast Follower 전략이라고 부름), IBM 맨이란 류를 만들어냈습니다. 이런 류를 만들기 위해서는 그들을 묶는 철학, 신조, 미션 등이 필요합니다.

스카이72는 고객들이 재밌게 골프를 즐기면 좋겠다는 혁신적 철학에서 출발해 '골프에서 펀을 발견하라'는 슬로건을 만들었고 여기에 유머, 퍼포먼스, 야간 경기, F&B 전략, 어록, 부킹의 공정성과 민주성을 위해 누구나 온라인으로 부킹할 수 있는 국내 최초 티카드(Tee Card) 등을 결합해서 스카이72 류(流)를 만들었습니다. 한국에 이런 류를 만든 사례가 몇 개나 있는지 골프장을 넘어서 한번 보십시오.

2. Always New Looking

'늘 새롭다.' 이 말을 액면 그대로 들으면 안 됩니다. 진짜로 늘 새로우면

'중간불일치 효과'(Moderately Incongruity Impact. 정보가 너무 새로우면 공감이 안 되어 관심을 끊고, 너무 익숙한 것이면 진부해하는 심리 효과)에 의해 소비자는 피곤해서 금세 지치고 공급자 측에서는 자원도 동력도 쉬고갈됩니다. 혁신 피로감, 혁신의 저주 등이 오기도 합니다.

그래서 스카이72를 보면서 필자가 말하려는 두 번째 성공 포인트는, 고객이 볼 때 늘 새로워 '보이게(look)' 해야 한다는 겁니다. 이것은 진짜로 늘 새로운 것과 다른 겁니다. 마케팅 전략에는 "마케팅은 제품의 싸움이 아니라 인식의 싸움"이라는 '인식의 법칙'이 있습니다. 제품보다는 인식을 다르게 하라는 거죠. 집 인테리어에서도 가구는 똑같은데 가구 배치만 조금 바꿔도 집 안이 달라 보입니다. 최근 생겨난 다른 골프장 입장에서 보면 스카이72보다 자신들이 더 새롭다고 말할지도 모르겠습니다. 그렇게 생각하는 이유는 제품 입장에서 보기 때문입니다. 우리는 항아리 벙커가 있어, 우리는 클럽하우스를 한옥으로 만들었어, 코스가 완전 아일랜드 풍이야, 티오프가 우린 20분 간격이야 등 처음에는 새롭죠. 그러나 그들 골프장은 두세 번만 가면 어느 순간 변화 동력이 약해져 진부해 보이는 경우가 대부분입니다.

스카이72는 코스, 사람(운영·시스템), 자연 이 3요소 부분 결합에서 늘 새로워 보입니다.

- 코스: 스카이72는 일단 정규 코스가 네 개입니다. 직경 4000야드로 아시아 최대 연습장인 드림 레인지 옆에 있는 9홀 듄스 코스까지 치면 5개입니다. 그리

고 코스마다 콘셉트가 많이 다릅니다. 바다가 보이는 남성적 오션 코스, 비행기가 뜨고 하늘과 가까운 하늘 코스, 정통 스타일의 클래식 코스, 편안한 가든형 레이크 코스까지 야간에 치면 스카이72에 대한 인식은 더 달라집니다. 이런 코스를 잘 조합하면 늘 새로울 수밖에 없습니다.

- 자연: 필자는 오션 코스에서 어떤 날은 78타, 바람이 세게 부는 날은 120타까지 쳐봤습니다. 이게 같은 골프장인지 싶습니다. 또한 평지가 대부분이라 시야가 틔어 있어 안개와 태양에 의해 늘 풍경이 바뀌는 것을 느낄 수 있습니다. 그러니 스카이72가 늘 새로워 보일 밖에요.

- 운영: 스카이72는 다양한 국제, 국내 대회를 개최하죠. 대회를 개최하면 잔디와 표지판, 광고 등도 국제 기준에 맞게 해야 합니다. 그 변화를 골퍼들은 금세 알아차립니다. 갤러리로 올 때는 느낌이 또 다릅니다.

그래서 필자는 스카이72를 늘 새롭게 느낍니다. 버디송도 하다가 안 하고, 테이크아웃 커피잔에 버디·이글·홀인원처럼 골퍼들의 로망을 자극하는 표시를 해서 잔을 구분하게 하고, 버디를 두 번 하면 고급 양말을 주는 퍼포먼스에 새로운 식당 메뉴도 불쑥 생겨납니다. 얼마 전엔 아침에 미니 샐러드바가 무료였고, 스타트 광장 입구에서는 야채 수프를 물처럼 따라 마시게 하는 무료 서비스도 보았습니다. 이뿐이 아닙니다. 유명한 '넛지 효과(Nudge. 팔꿈치로 가볍게 쿡 찌른다는 뜻으로 부드러운 선택 유도 설계)'를 아시는 분이라면 룩셈부르크 앤트워프 공항 화장실 남자 소변기에 붙은 파리 그림 효과를 아실 겁니다. 소변기 중앙 하단에 파리 그림을

남자 소변기 위 사진

그랬더니 남자들이 그 파리를 맞추려고 변기 가까이에 붙어서 실금률이 80%가 줄었다고 하는데 스카이72 화장실은 역시 류를 만드는 골프장답게 단순 모방보다 조금 다른 넛지를 시도했습니다. 소변기 바로 위에 외국 여성이 놀라서 입을 딱 벌리는 사진, 묘한 눈으로 망원경을 들여다보는 사진, 안경 너머로 놀라워하는 사진 등을 붙인 겁니다. 글에는 "비거리 욕심을 버리고 숏게임에 집중하세요.", "가까이 오시면 내가 본 것을 비밀로 해드릴게요." 등이 붙어 있습니다. '역시 끊임없이 새로운 걸 시도하는구나.' 싶습니다. 18홀 전후반에 각각 하나씩 있는 빅홀컵은 별로 돈 들지 않으나 새로운 시도이며 철학에 맞습니다. 이런 것을 최고경영자가 직접 주도하면 어렵습니다. 직원들 스스로 의욕이 솟게 할 때만이 늘 이런 새로움이 가능해집니다.

3. 신의 한 수, 가격 정책

요즘 고속도로 휴게소 식당의 변화를 유심히 보셨습니까? 가격이 일이천 원 올랐습니다. 된장찌개만 해도 도시 가격보다 셉니다. 현금으로 낼라치면 그 변화가 금방 느껴집니다. 그런데 '당신들이 휴게소에 온 이상 별 수 있어? 비싸도 그냥 사먹어.' 하는 괘씸한 마음으로 올리기만 한 게 아닙니다. 일단 음식 아이템이 달라졌습니다. 그냥 순두부가 아니라 짬뽕 순두부, 만두 순두부, 칼국수도 명동 만두 칼국수 이런 식입니다. 그리고 메뉴판 아래에는 '착한 음식' 칸이 별도로 있어서 기존 레시피에 기존 가격대로 팝니다. 그뿐이 아닙니다. 식당 내부 간판과 조명 인테리어, 화장실이 더 세련되어졌고 깨끗해졌습니다. 일부 휴게소는 벽에 스토리텔링도 합니다. 덕평은 자연 휴게소로 사랑받는데 개 파크도 있지요. 서울외곽순환도로 조남 IC에서 도리 IC로 빠지는 구간 사이에 새로 생긴 휴게소는 이름이 시흥하늘 휴게소인데 도로 양쪽을 이어 공중에 지은 브릿지 스퀘어 형태입니다. 내부는 요즘 핫한 복합 쇼핑몰에 온 기분입니다. 이들을 보면 가격과 혜택의 함수관계를 아는 선수가 붙은 것이 분명합니다. 이런 휴게소 변화를 보면서 스카이72를 보겠습니다. 이미 10년도 전에 놀라운 '가격 + 혜택' 전략을 구사한 곳입니다.

우선 놀라움의 전제는 스카이72가 퍼블릭 골프장이라는 것입니다. 들어가는 입구와 출입 도로, 클럽하우스 등을 보면 '아, 퍼블릭이구나.' 금세 알 수 있습니다. 당연히 회원제보다 싸야 합니다. 그런데 싸지 않습니다. 오션과 하늘 코스는 오히려 웬만한 회원제 골프장보다 비쌉니다. 서울 골퍼들이 지나쳐야 하는 톨게이트 통과비를 생각하면 가격은 더 올라갑니다. 그러니 고객 조사 내용을 보면 스카이72를 찾는 골퍼들에게 가장 만족도가 낮은 것이 바로 가격입니다. 경영자들도 가격에 고민이 많을 겁니다. 가격을 낮추면 될까요? 그럼 서비스의 질이 낮아지고 시설의 퀄리티를 유지하기 힘들며, 외국에서 경기에 참가하는 세계적인 골퍼들도 자신들이 싸구려 퍼블릭에서 친다는 것에 불만을 가질 겁니다. 그러니 반대로 가는 것이 혁신입니다. 세계적으로 유명한 크리에이티브 강의 프로그램인 TED의 창업자 크리스 엔더슨은 자신들 강의비가 인당 600만 원대로 너무 비싸다고 하자 "좋은 아이디어를 구현하는 데는 돈이 듭니다."라고 응수했습니다. 토론토 대학 교수로 2007년 〈비즈니스 위크〉에서 선정한 세계에서 가장 영향력 있는 경영학 교수 10인 중 하나인 로저 마틴은 통합적 사고를 강조하는데, 예를 들어 P&G CEO인 앨런 조지 래플리가 비용 절감으로 적극적인 가격 인하 정책을 펼치면서도 혁신에 대한 집중 투자로 사상 최고가 제품 출시를 동시에 실현해 흔들리던 회사를 반석에 올려놓은 사례를 꼽습니다. 그것이 바로 혁신입니다.

그럼 여기서 가격에 대한 이론을 잠시 보겠습니다. 가격은 절대적인 것이 아니라 심리적인 것이라는 주장입니다. 도식은 다음과 같습니다.

Perceived Value = Perceived Benefit− Perceived Price

인지 가격 이론에 따르면 우리는 제품을 사는 것이 아니라 가치를 사는 것인데 그 가치는 혜택에서 가격을 뺀, 혜택과 가격의 함수입니다. 그런데 그것이 인지된 가치, 인지된 혜택, 인지된 가격이라는 겁니다. 만일 사막을 횡단하는 사람에게 콜라 1리터를 30달러에 판다면 기쁘게 살 것이지만 도심의 편의점에서 그 가격을 내라고 하면 사람들은 고발할 겁니다. 토속 상품 가게에서 부채를 만 원에 사라고 하면 사람들은 망설일 겁니다. 그런데 그 지역의 장인이 전기인두로 구매자의 이름을 멋지게 새겨준다면 2만 원도 기꺼이 낼 겁니다. 부채가 아니라 기념품이고 자신의 추억을 담았기 때문입니다. 그게 바로 '인지된'이라는 뜻입니다. 주부들이 1,000원짜리 콩나물은 깎으면서도 해외 명품은 선뜻 지불하는 것이 그 이유입니다. 명품은 인지된 가치를 잘 알고 있는 브랜드입니다. 그런데 요즘 퍼블릭 골프장들은 어떤가요? 안타깝게도 가격 차등화와 할인 경쟁에 매달리고 있습니다. 다른 혜택을 주지 못하니까 가격에만 매달리는 겁니다. 끝없는 가격 경쟁의 레드오션에 들어간 거지요. 제주도를 포함하여 일부 골프장이 파산 선언을 하는 곳이 늘고 있다지요. 비수기 평일에는 심지어 그린피가 7만 원 미만도 있습니다. 그 정도면 한 시간 이용료가 2만 원 미만! 여러분, 그 넓은 잔디밭을 점유하는데 1시간에 2만원도 안 됩니다. 대신 골퍼들은 인터넷에 회원으로 가입해야 하고 수시로 문자나 메일 정보를 받아야 합니다. 그러면 그 골프장은 "거기 그냥 싼 맛에 치는데 친하지 않은 사람들 부르기엔 좀 그래." 하는 소문이 납니다. 그러나 그들 골프장이 정말 싸구려일까요? 필자가 가본 바에 의하면 그런 골프장이라도 잔디, 부대시설, 캐디 친절함 등은 좋은 곳이 많습니다. 그러나 가격 때문에 졸지에 반값 골프장이 된 겁니다. 필자는 동해의 한 식당을 소개하면서 "생선이 양푼이로 한가득에 만 원" 하면서 "푸짐한 고향 인심"이라고 홍보하는 공영 TV 프로그램을 보면 좀 답답합니다. 그와 같은 생선을 지중해에 있는 유럽 식당은 잘 관리된 콧수염을 기르고 흰 턱시도를 입은 웨이터가 우아하게 "우리는 100년 전 증조부 때부터 시작했고 저 자리는 헤밍웨이가 앉은…" 따위로 10배를 더 받는데 말입니다. 그러니 한국이 지금도 3만 달러 국민소득을 넘지 못하는 것은 아닐까요? 사람들은 비싸고 좋으면 다른 것을 줄여서라도 옵니다. 그건 그의 로망이고 버킷 리스트이니까요.

스카이72가 가격을 비싸게 책정하고 혜택을 높인 것은 필자가 보기에는 신의 한 수입니다. 그 가격은 스카이72로 하여금 늘 높은 곳, 먼 곳을 지향하도록 지시하는 등대 역할을 합니다. 그래서 이 골프장은 늘 혜택을 높이려고 노력합니다. 골프의 본질, 주말 골퍼가 왜 골프를 치는지를 늘 생각하면서도 국제 LPGA와 국내 PGA를 열고 곳곳에 그들의 이야기를 전시하여 가치를 높이며, 또한 특별한 서비스와 퍼포먼스로 화제를 제공합니다. 지금 가격 때문에 고민하는 경영자와 중소상공인, 스타트업들은 스카이72의 가격과 혜택 전략을 호랑이 눈으로 볼 필요가 있습니다. 싼 게 능사가 아닙니다. 가격은 한번 당기면 돌이킬 수 없는 방아쇠 같다는 것을 잊으면 안 됩니다.

4. Top을 향한 내발적 공부

1990년대 초 국가 경쟁력 제고 캠페인이 있었습니다. 농부가 나와서 "제 경쟁자는 덴마크 농부입니다." 기술자가 나와서 "제 경쟁자는 독일 엔지니어." 이런 멘트를 하는 캠페인인데 민간 단위에서 경쟁을 글로벌로 잡은 첫 번째 캠페인으로 기억합니다.

스카이72 사무동에는 "여러분은 세계 최고의 골프리조트를 운영하고 있습니다."라는 플래카드가 크게 걸려 있습니다. 그러니 실력과 서비스가 높아지려고 노력합니다. 보통의 우리는 캐디가 단순 반복 직종이라고 생각하는데 그게 아닙니다. 캐디는 공부를 많이 해야 합니다. 스카이72 베테랑 캐디가 인턴 캐디를 가르치는 것을 옆에서 한번 보면 혀가 내둘러

집니다. 생각해 보십시오. 평균 고객 수준이 꽤 높은 곳이 골프장인데 그런 고객을 4시간 이상 말 상대하고, 고객 변화를 감지하고, 고객 유머에 제때 웃는 센스를 갖추려면 세상 여러 가지를 공부하지 않으면 못 견딥니다. 스카이72 골퍼들은 유난히 사진을 많이 찍습니다. 함께 온 동반자들과의 추억이 소중하니까요. 그래서 캐디들은 스마트폰 포토그래퍼 과정을 수료합니다. 그냥 찍어도 될 스마트폰 사진인데 그냥 지나치지 않고 "저는 수료증을 받은 캐디"라고 하면서 사진을 위로 아래로 팍팍 찍습니다. 뭔가 다르죠?

내부 직원들도 열심히 공부합니다. 양찬국 헤드 프로는 70세 고령임에도 드림골프 레인지 2층 세미나실에서 미국 캘리포니아 대학 물리학 박사이며 KGST 골프 연구소 기술 고문인 김명식 박사를 초빙해 데이터를 이용한 골프와 물리학 원리에 입각한 세미나를 진행합니다. 4차 산업혁명 시대에 골프도 바뀌어야 한다는 취지죠.

스카이72는 직원들 공부에도 많은 신경을 쓰는 걸로 유명합니다. 다른 골프장에서 그렇게 다양한 직군의 직원들 공부를 시키는지는 의문입니다. 그들의 특이한 공부를 좀 보겠습니다. 하나는 마케팅위원회를 통한 공부입니다. 2007년에 결성된 '마케팅위원회(MCC)' 위원들이 이제는 30명쯤 되었습니다. 삼성전자에서 영상사업단을 이끌다가 문화콘텐츠진흥원장을 역임한 서병문 교수부터 아디다스와 동아오츠카 중역, 삼성 사장단 회의에서도 인기 강사인 경희대 스포츠 경영학 교수, 모태 펀드 본부장, 스포츠 전문 변호사, 강남병원 원장, 유명한 외식 컨설턴트,

광고 홍보학과 레저스포츠 교수, 리서치 회사 대표, 필자까지 스펙트럼이 다양합니다. 나이도 30대부터 70대까지 다양하고 여성 위원도 다섯 분 있습니다. 스카이72는 이런 위원회를 왜 만들었을까요?

아무래도 골프만 보는 근시안을 탈피하고자 만든 특별위원회 아닐까요? 마케팅위원회는 3년 전부터 스카이72의 제안에 따라 임직원 대상의 특강을 합니다. 바쁠 때를 피해 일 년에 평균 5~6회 하는데 위원들이 다양한 만큼 강의 주제도 다양합니다. 필자도 강의를 했었는데 '욕망의 코드 읽기'라는 주제였습니다. 욕망의 카테고리를 층위별로, 또 그 카테고리 하나하나를 '○○ 욕망의 사다리'로 만들어 골퍼들의 욕망을 풀어주자는 내용입니다. 예를 들어 골프 카테고리가 있다면 골퍼들의 욕망은 운동-과시-사교-존재감 등일 것입니다. 여기서 잠깐, 필자의 사적인 한을 풀겠습니다. 필자는 거기서 유머 경영의 끝장으로 욕망의 홀을 만들자는 아이디어를 냈습니다. 매 코스 마지막인 18홀에 드라이버 거리가 짧은 골퍼들을 위해 욕망의 홀(티 박스에서 180미터 전방에 지름 5미터 원을 만들고 그 원 안에 볼이 떨어지면 땅 밑으로 볼이 흘러가고 그 중심에는 두 개의 롤러가 강력 회전하면서 볼을 지상으로 150미터 정도 그린 앞으로 날려주자는 아이디어. 세계 최초. 역발상의 명수 스카이72의 명성을 확고하게 높여줄 아이디어라고 자신함)을 만들어 짧은 비거리의 주말 골퍼나 나이든 골퍼들의 한(恨)을 풀어주자는 아이디어였습니다. 빵 터지더군요. 역시 이해력이 높은 집단입니다. 또한 골프가 전투의 컬처코드를 갖는 만큼 나비 대신 수술을 선물로 주자고 했더니 또 빵. 기분이 좋았습니다. 그런데 홍보실장님이 욕망의 홀 아이디어는 당장 시행하겠다고 호언하더니 감감 무소식입니다. 필자는 그 아이디어가 실현되기를 아직 기다리고 있습니다. 영국의 대표적인 역발상 경영자인 버진 그룹 리처드 브랜슨 CEO는 호주 시장에 진출할 때 탱크를 몰고 시내로 진격하는 퍼포먼스를 했고, 레드불은 지상 39km 지점에서 자유 낙하하는 스트라토스 프로젝트를 해서 세계의 모험가들을 열광시킨 바가 있었죠. 필자도 직장에 있던 2004년 혁신의 아이콘 서태지를 필두로 국제 유람선 두 대에 이현세 화백, 강제규 감독 등 쟁쟁한 명사와 상상체험단 800명을 태우고 블라디보스토크 디나모 스타디움에 가서 3박 4일 공연 이벤트를 한 적이 있습니다. 그 정도는 해야 언론이 흥분하고 유투브에 동영상이 연일 오르는 겁니다. 어쨌든 그 강의 때 인상적인 것이 30~40명이 수상을 했는데 그중 클럽 레스토랑 요리사(워커힐 소속)가 두 명 있던 것이 기억납니다. 필자 수강생 중에 현직 요리사는 그때가 처음입니다. 배움에는 직종이나 소속도 불문인 스카이72인 것을 보고 매우 감명받았습니다.

마지막으로 스카이72 임원과 직원들은 해외 공부도 열심입니다. 상대적으로 비수기인 동절기가 되면 세계 유수의 골프장을 벤치마킹하러 다닙니다. 특이한 것은 대표를 포함 코스 관리 직원과 F&B 직원까지 20~30명 규모로 미국, 호주 등을 돌아다니며 공부한다는 점입니다. 그러려면 인당 경비가? 아마 일반 기업들도 이런 규모로 해외를 둘러보기는 힘들 겁니다. 그러나 이렇게 공부를 하면 직원들의 내발적인 동기가 불가사리처럼 커질 겁니다. 그 에너지가 어디로 가겠습니까?

174

5. 고객 Apro

고객 관련해서는 고객은 왕이다, 고객은 개다, 직원이 첫째고 고객은 둘째다, 고객 감동을 넘어 고객 졸도까지와 같은 무수한 선언이 있습니다. 그만큼 고객이 중요하다는 이야기고 고객도 나름으로 시대적 변천을 해왔기 때문일 겁니다. 고객 중시 이야기는 귀가 아플 정도로 들어봤을 테니 당장은 먼 나라의 먼 사례를 보도록 하겠습니다.

2009년 아이슬란드 에이야프얄라요쿨 화산 폭발로 뿜어져 나온 화산재가 아이슬란드와 스칸디나비아를 뒤덮었던 적이 있습니다. 화산재는 제트 기류를 타고 유럽의 다른 나라 국가들로, 멀게는 모로코까지 날아갔습니다. 유럽 전역에서 9만 5천 편 이상의 비행기가 발이 묶였습니다. 노르웨이에서는 의료 구조용 헬리콥터까지 포함해 모든 비행기 운항이 취소되었습니다. 유례를 찾을 수 없는 재앙이 덮친 겁니다. 이때 언론은 무엇을 할 수 있었을까요? 신속하게 구석구석까지 보도? 정부의 늑장 대응 질타? 그렇다면 그것은 레드오션에 빠진 언론의 행태입니다. 이제부터 노르웨이 일간지 VG의 감동적인 활약이 펼쳐집니다. VG의 목표는 단순히 더 많은 기사를 게재하는 것이 아니었습니다. 그들의 목표는 다른 데 있었습니다. 앱을 만들어내는 것이었는데 화산 폭발이 있던 그날 저녁 10시 즈음 VG는 히치하이커스 센트럴을 만들어냅니다. 앱 프로그램에 "제게 자동차가 있는데 트론헤임으로 갑니다. 함께 타고 가고 싶은 분은 연락주세요. 주유비 분담해요."라든가 "여기서 꼼짝도 못하고 있어요. 저도 거기 가야 해요." 같은 메시지를 올리도록 한 겁니다. 연락처를 비공개로 했지만 도움이 필요한 독자들을 이 앱이 연결해준 겁니다. 이 앱으로 연결해준 사람은 노르웨이를 넘어 유럽 전역에서 수천 명이 넘었습니다. 각 나라에서는 버스도 보내줘서 사람들을 장례식이나 결혼식에 보내주고 애들도 데려다줬습니다. 사람들이 고맙다며 인사를 보내줬습니다. "지금 불가리아로 가는 길이에요. 고마워요. 〈VG〉" 2009년 신종 플루가 퍼질 때에도 VG는 위키 기반 지도를 만들어 사용자들이 직접 정보를 올리게 하는 서비스를 제공해 또 한번 명성을 높였습니다. 지금 VG는 노르웨이인 70퍼센트가 매달 찾을 정도로 인기 사이트가 되었습니다. (이상 〈콘텐츠의 미래〉에서 부분 인용. 이 책은 콘텐츠의 미래를 콘텐츠가 아니라 상호 연결로 보고 있음) 이런 것이 '고객이 첫 번째'라는 발상을 하는 회사의 이상적인 대응이겠죠.

스카이72도 이런 정신으로 하기에 반바지 출입이 가능하고 막걸리도 팔고 공짜로 붕어빵과 아이스크림을 주고, 구석구석 골퍼들의 마음을 위로하고 즐겁게 하는 글판들이 붙고, 선명하게 볼이 보이는 야간 경기 운영하고, 계기마다 유머 퍼포먼스들이 일어나는 겁니다. 고객을 위하지 않는 것은 모두 빼버린 거죠. 다음은 〈유니타스 브랜드 3-4월호. 2008〉에서 스카이72를 관찰, 인터뷰하고 쓴 기사 첫머리 부분입니다.

하지만 인터뷰가 끝나갈수록 스카이72의 서비스는 고객의 입장에서 생각하는 그 이상의 차원임을 깨닫게 되었다. 고객의 차원을 뛰어넘어서 어머니가 아이를 생각하는 마음으로 고객을 대하고 있었고 아이가 밖에 나가서 놀 때 항상 안전

을 걱정하는 어머니의 마음으로 고객을 바라보고 있었다.(모라비안바젤 컨설팅 김

우형 이사)

이것은 마음의 부분이고 이 마음을 전달하는 데는 원칙과 방법이 필요합니다. 스카이72가 연 40만 내장객에 달하는 개별 고객을 위하는 방법은 구체적으로 MVP 제도와 티(Tee)카드 제도에 기초합니다. MVP는 티잉 그라운드 5개 색을 따라서 레드부터 옐로우, 화이트, 블루, 그리고 최상급인 블랙 MVP가 있는데 이에 따라 예약과 할인 등 혜택이 차등화됩니다. 그리고 2006년부터 시작된 티카드 제도는 스카이72의 비밀병기인데 현재 3타입(일반형, 평일형, 주말·공휴일형)으로 관리됩니다. 이 두 가지 제도는 10여 년에 걸쳐 축적한 스카이72만의 방대한 고객 데이터에 기초한 것입니다. 이를 통해서 스카이72는 고객을 6부류로 구분합니다. 신규 고객부터 뜨내기 하수-뜨내기 고수-단골 하수-단골 고수, 그리고 최고 고객인 최우수 고객. 이중 스카이72의 핵심 고객이라고 할 수 있는 단골 하수-단골 고수-최우수 고객은 숫자로는 30.3%인데 매출에서 차지하는 비중은 71.2%입니다. 얼추 파레토의 20:80 법칙에 부합합니다. 특히 최우수 고객은 숫자로는 1.7%에 불과하지만 매출은 12.3%를 차지합니다. 이 고객들의 특징에 따라서 고객을 대하는 전략이 달라집니다. 물론 다 사랑하지만 사랑을 전하는 방법이 다른 거지요. 스카이72의 예약팀장과 인터뷰한 바에 따르면 그들의 사명은 '세계에서 가장 고객들로부터 사랑받는 골프장.' 그리고 예약 관리 원칙은 '공정성'과 '합리성'입니

다. 모든 것은 데이터와 분류 기준에 따릅니다. 어쩌다 한 번 오는 뜨내기가 우연히 좋은 대우를 받을 가능성은 거의 없습니다. 끼어들기(골프장 예약의 가장 큰 병폐 중 하나임) 안 됩니다. 심지어 국회의원실이나 장관실에서 부탁이 와도 받지 않는다고 합니다. 한 번 원칙이 무너지면 신뢰가 무너져 싸구려가 되기 때문입니다.

다음은 고객 대응의 속도 부분입니다. 현재 190여 명이 쓰는 스카이72 단톡방에 올라온 고객 관련 조치 사항을 보시죠.

> "최근 고객님들에게 양말 선물이 너무 빈번하여 현장별로 알아서 불필요한 양말 제공을 자제해달라고 했는데 금요일 레이크 코스 ○○○씨 VOC를 보면 "해저드 부근에서 발을 잘못 디뎌 빠진 고객님이 양말 제공을 희망하시는데 양말 무료 서비스 제공이 끝나서 구매하셔야 한다."고 말씀드렸다고 함. "이런 경우는 당연히 양말을 제공해도 되는데 양말 제공을 아예 하지 않는 것으로 한 건지? 이 부분 시정하도록 지시함."

조치가 바로 당일 내려집니다. 빠릅니다. 이러한 속도감은 스카이72의 또 다른 강점이죠.

다음은 이러한 노력들의 결과로 나타난 고객 만족도 설문 조사 내용입니다.

역시 가격은 만족도가 낮지요. 가격은 늘 어렵습니다. 대신 IT 부분, 캐디 서비스 지표 순위가 높고 회원제가 아님에도 '나를 기억해주는 골프

참고) 소비자 만족도(2017. 내장 고객 설문 조사. CCM 데이터)

- 접근성(86.7)
- 예약의 편리성
- 홈페이지 정보
- 캐디 서비스
- 내장 등록 및 결제의 신속성
- 고객 마일리지 혜택
- 부대시설
- 코스 관리
- 경기 진행
- 원하는 시간 예약 가능
- 나를 기억해준다(62.1)
- 가격(46.7)

장' 지표가 나옵니다. 그런데 문제가 보이네요. 스카이72가 추구하는 게 골프에서의 펀(Fun)인데 펀 관련 소비자 만족 지표가 없습니다. 블로그를 보면 펀 관련이 꽤 언급되고, 저라면 제일 먼저 올릴 사항인데 왜일까요? 고객들이 다른 항목 대비 그것을 만족 사항이라고 생각하지 못하는 걸까요. 아니면 설문지 설계에 문제가 있나요?

6. 두 개의 심장을 가진 CEO

제품 관련 마케팅 이야기 좀 하겠습니다. 신병철 박사에 따르면 제품 개발에는 결핍, 왜곡, 모순의 발견이 중요합니다. 결핍은 욕구는 있는데 기존에 없던 것을 만들어주는 것이고 왜곡은 욕구를 잘못 채워주는 경우입니다. 모순은 그 제품이 시대와 맞지 않는 경우입니다. 자동차를 예로 들면 처음에 포드가 차를 만든 것은 결핍 시장을 노리고 신제품을 낸 것입니다. 그전에는 달리려면 말밖에 없었으니까요. 그래서 다 똑같은 검은 차를 만듭니다. 초기에는 대성공이지만 곧 새로운 욕구가 만들어집니다. 개성도 다르고 소득도 다른데 왜 다 똑같은 차를 타야 해? 그래서 제너럴 모터스(GM)가 다품종 고급차를 만들어 대박을 칩니다. GM은 왜곡 시장을 겨냥한 겁니다. 그 후로 SUV, 밴, 스포츠카 등이 이어져 개발됩니다. 그런데 이들은 휘발유를 사용하기 때문에 매연도 많고 지구를 해칩니다. 사람들은 이에 차 자체에 반성하기 시작합니다. 그러면 시대와 모순이 만들어집니다. 그래서 전기차, 수소차, 자율주행차, 세그웨이 등이 만들어집니다. 지금 미디어업계에서 제일 핫한 넷플릭스도 창업자인 리드 헤이스팅스가 기존 1위 비디오 대여업체의 불합리한 관행에 불만을 느껴 직접 창업한 회사였습니다. 온라인으로 영화 DVD를 주문받고 우편으로 대여해주었습니다. 또한 월정액 가입제를 도입해서 대여 기한과 연체료, 배송료를 없앴습니다. 그렇다면 넷플릭스는 비디오업계의 왜곡에 주목해서 성공한 사례입니다.

한국 골프장은 일제 강점기 때는 일본인, 해방 후에는 미군 장교를 위해 시작되었습니다. 군부 독재 시대에는 권력자들의 비밀 사교를 위해 만들어집니다. 현재 국민들이 가지는 위화감과 부정의식이 여기서부터 나온 겁니다. 이것에 이의를 제기할 뉴리더는 이런 왜곡을 뒤집을 비전과 용기가 필요합니다. 그래서 스카이72 성공 요인에서 김영재 대표의 존재를 빼놓을 수 없습니다. 그에 대해 평하라면 "장사꾼과 시인, 두 개의 심장을 가진 CEO"라고 하겠습니다. 매사 이해를 따지고 계산하지만 더듬이는 늘 진심, 자기가 잘할 수 있는 것을 향합니다. 골프장 경영은 서비스 산업입니다. 이 산업은 고객이 한번 돌아서면 끝입니다. 또 싸구려 고객, 진상 고객이 들어와도 곧 끝납니다. 스카이72는 인천공항 부지 임대사업이라 태생부터 부담을 지고 있고 그래서 불가피하게 고가 구조를 선택합니다. 그런데 고객들은 고가가 주는 퀄리티는 좋아하지만 지불은 싫어합니다. 그게 대중입니다. 그래서 스카이72는 늘 일을 많이 벌입니다. 그러니 매사 360도 살피는 리더십으로 늘 현장에 서서 문제를 단순화시키고 결정이 빨라야 합니다. 40미터 간격의 라이트를 세워 가장 밝은, 그러나 타사보다 훨씬 비용이 많이 드는 야간 경기장을 만들어야 하는 의사결정 때도 "단돈 40억이면 18홀 야간 코스가 생기는 거야. 뭘 망설여. 해야지." 라고 결정합니다. 장사꾼 말처럼 들리지만 다른 골프장이 60미터 간격으로 라이트를 심은 반면 스카이72는 어디서든 사각지대가 없도록 40미터 간격으로 50% 더 조밀하게 라이트를 심는 결정을 한 것을 주목해야 합니다. 그런 결정은 골퍼의 실제 즐거움과 함께하겠다는 그의 평소 철학에서 나옵니다. 그래서 그는 2015년 한국 골프장 최초로 소비자 중심 경영(CCM)을 도입하면서 '세계에서 가장 사랑받는 골프장 스카이72 · 러브마크 스카이72'라고 비전을 정하고 슬로건을 '당신이 우리의 미래입니다.'로 정했습니다. 참고로 러브마크(Lovemark)는 영국 광고회사 사치 앤 사치의 CEO인 케빈 로버츠(펩시 캐나다 사장 시절 코카콜라 자판기에 기관총을 난사하면서 코카콜라를 타도하자고 한 퍼포먼스로 유명)가 제시한 지표로 소비자 가슴속에 감성적으로 남은 브랜드를 뜻합니다. 미국 주얼리 회사인 티파니 고객들은 "나의 티파니"라고 부르고 심지어는 딸 이름을 티파니라고 지어줄 정도입니다. 이처럼 스카이72는 골퍼들에게 "나의 스카이72"가 되고 싶은 겁니다. 이를 위해 윤리 경영을 천명하면서 "골프를 즐기는 것이 '나눔'이 되고 '나눔'의 습관과 바른 생각으로 더디 걷더라도 함께 걷는 기업으로 승화되어야 한다."고 CSR 철학을 선택하여 친환경, 나눔, 문화 혁신 부문을 3대 중점 방향으로 정한 것도 그입니다. 창사 이래 매년 하늘 천사 등과 러브 오픈 모금행사(누적 78.3억 원. 인천 근방에서 인천공항 다음으로 많음)를 한 것도 그의 경영 철학에서 나온 것이고 동계에 직원들이 해외에 나가 보라고 하는 것도, 마케팅위원회를 만든 것도, 일 평균 450개가 넘는 VOC를 일일이 들여다보고 신속하게 결정을 하는 것도 그입니다. 그럼 그에 대한 직원들의 감정은 과연 어떨까요?

김 대표가 스타트 광장에 나타났을 때 캐디들이 그를 대하는 표정을 보면 오빠를 대하는 것 같습니다. 보통 골프장에 대표가 나타나면 직원이나 캐디들이 엄청 긴장하는 것을 봐왔던 필자로서는 뜻밖이었습니다. 김 대표는 입심도 세고 집요하며 간혹 말은 싸구려(?)에 거칩니다. 흔히 뒤에서 까고 앞에서 예의를 차리는 대표들과는 종이 좀 다릅니다.

일화1: MCC를 만들고 연말에 송년회를 하는데 김 대표가 "우리가 왜 돈을 들여가며 MCC를 만들었겠어요? 뭔가 기대한 거죠. 그런데 올해를 보면 왜 하나 싶습니다."라고 말합니다. 분위기가 확 식습니다. 당시 간사인 필자가 이렇게 말했습니다. "사장님. 이분들 라운드 기회 얼마든지 있고 돈도 있어요. 짧게 보지 마시고 길게 보시죠. 마음이 움직인다면 도움을 줄 방법은 얼마든지 있을 테니까요." 필자 말은 불확실한 약속입니다. 그런데 김 대표는 바로 "아. 제가 짧았습니다. 그냥 우리 이렇게 갑시다."라고 결정합니다.

일화2: 스카이72는 부설로 네스트 호텔을 만들었습니다. 국제대회 참가하는 외국 선수들 숙박과 골프 리조트를 완성하기 위해서입니다. 지금은 한국 10대 호텔에 선정되는 명품 호텔이지만 처음은 잘되지 않았습니다. 그래서 김 대표는 호텔 정상화에 매달렸습니다. 필자에게도 아이디어를 달라고 해서 정동진에 있는 하슬라 아트 호텔과 콜라보를 제안했습니다. 그리고 정동진까지 가서 탐사를 마치고 돌아왔습니다. 며칠이 지나 전화가 왔습니다. "솔직히 예술은 잘 모르겠어. 나는 내가 잘 아는 것을 해야 잘하는 것 같아. 어쨌든 고마워."라고 쿨하게 거절합니다.

개인 메시지를 날릴 때는 때로 눈물이 날 정도지만 직설적인데다 결정이 휙휙 바뀌는 것 같아서 처음에는 오해하기 십상입니다. 김 대표는 여간해서는 자기 홍보를 하지 않습니다. 모든 게 직원들이 하는 것이라고 뒤로 빠집니다. 그래도 이런 국제적 평가를 받은 것은 뒤로 뺄 수 없을 겁니다.

- 2017. APGG(Asia Pacific Golf Group) 주최, '아시안 골프 어워즈'에서 김영재 대표를 '아시아태평양 지역 골프산업 내 가장 영향력 있는 인물'로 선정.

- 2016. 美 골프 산업 전문지 〈Golf inc〉에서 매년 선정하는 '골프계 가장 영향력
  있는 인물'로 2년 연속 김영재 대표 선정.

7. Social

미래학자 다니엘 핑크는 저서 〈파는 것이 인간이다(To Sell Is Human)〉
에서 미래에는 모든 사람이 세일즈맨이 될 것이며 잘 팔기 위해서는 세
가지 능력이 필요하다고 설파했습니다. 첫 번째는 즉흥극입니다. 변화가
많은 시대고 이론이 무너지는 사회이기 때문에 상황 변화에 즉흥적으로
대응할 능력이 필요하다는 것입니다. 두 번째는 피치(Pitch. 말과 글을 통
한 홍보) 능력, 세 번째는 사회 기여입니다. 점점 사람들은 기왕이면 사회
에 기여하는 사람이나 기업에 호감을 갖는다는 것이죠. 사실 스카이72는
이 3가지 능력을 다 가지고 있는데 이번 글에서는 세 번째, 즉 사회 기여
능력을 보도록 하겠습니다.

다음은 2017년 12월 〈이투데이〉지에 연재한 이기동 골디락스 대표의
글입니다. 아무래도 이분은 스카이72 광팬인 듯 싶은데 내용이 소상하여
퍼왔습니다.

다음) '100억 기부를 넘어 세상을 구하는 일에 도전하다'
스카이72 자선 기부 행사는 2005년 그랜드 오픈을 하면서 시작됐다. 2006년부터
'러브 오픈'이란 이름으로 벌인 자선행사는 올해 누적 기부 금액 78억 3,000만
원을 기록했다. 이 행사에 임직원, 캐디는 물론 입장 고객 70만 명가량이 참가하

고 있다. "다른 분들이 자선 활동에 동참하게 여건을 만들고, 참여하신 분들에게 편의 등 별도 서비스를 제공해주는 시스템 측면에서 스카이72가 국내 최고다"라고 이범열 인천 사회복지공동모금회 팀장은 평가한다 (중략) 스카이72의 사회 공헌 활동은 그들의 이해 당사자와 무관한 익명의 사람들을 대상으로 이루어지는 자선이나 기부 활동인데, 이런 일을 한 해도 거르지 않았다는 면에서 대단한 진정성이 있다. (중략)

러브 오픈 기금은 7가지 경로를 통해 조성된다.

올해 모금된 기금을 보면 ①오션 코스, 레이크 코스, 클래식 코스 등 3개 코스 매

러브 오픈 행사에서 김영재 대표가 인사말을 하는 장면

출 기부 ②스카이72 캐디 및 임직원 성금(러브 펀드). 직급별로 4천 원부터 1만 원까지 급여 공제를 해서 적립한 기금 ③스카이72 하늘천사 개인 명의로 1,500만 원. 1,000만 원. 500만 원. 100만 원 단위로 기부 ④스카이72 별도 성금 ⑤2017년 스카이72 베스트 스코어 이벤트 참여자 성금(1000원/1인당) ⑥인천국제공항공사 성금 ⑦스카이72 마케팅 컨설팅 커미티(MCC) 위원들 성금 등으로 조성됐다. 이처럼 스카이72 러브 오픈 기금은 스카이72를 찾는 연 78만 명(연습장 40만 명+골프장 38만 명) 고객들과 임직원 및 캐디 등 이해관계자의 정성이 모아져서 만들어지고 있다.

'스카이72 러브 오픈' 기금은 지정기탁으로 대한적십자사. 월드비전. IVI 국제백신 연구소. 해비타트. 메이크 어 위시 등을 비롯한 국내외 60여 곳의 사회복지기관에 전해져 어려운 이웃을 돕고 있다. 일부에서는 고객이 낸 돈으로 스카이72가 기부하는 것처럼 생색을 낸다고 폄훼하기도 하지만. 그들은 이처럼 정교한 기부 시스템을 제대로 이해하고 있지 못해서 그런 말을 한다. 가장 중요한 것은 많은 골퍼들에게 기부하도록 여건을 만들어주고, 기부자에겐 특별한 지원을 함으로써 기부 문화를 적극 조성한다는 점이다. 소외된 이웃을 도우려고 기부금을 낸 하늘천사들에게는 골프장 그린피 면제 및 할인, 드림레인지 무료 이용, 네스트 호텔 무료 숙박 및 식사권 제공, 미국여자프로골프(LPGA) 투어, KEB하나은행 챔피언십 및 개최 대회 입장권 제공. 노장 불패 양싸부(양찬국·스카이72 헤드 프로)의 무료 레슨을 제공한다. (중략) 스카이72는 이 행사의 기획, 진행, 운영을 직원과 캐디들이 모두 도맡아 한다. 기획사가 쓰는 비용도 아껴서 기부금으로 하려는 생각 때문이다.

186

싸우기보다 고객의 시간점유율을 늘여라." 엔터테인먼트 장에서는 "소비자는 이 세상에 놀러 왔다. 모든 것은 축제화되고, 모든 축제는 시장화된다.", "컬트 브랜드는 종교를 모방한다." 등과 같은 통찰을 담고 있습니다. 나이키가 느꼈던 위협과 마찬가지로 지금 어쩌면 골프장의 심각한 경쟁자는 골프장이 아니라 게임이나 스크린·가상 스포츠, 또는 점점 소비자의 시간점유율을 늘려가는 복합쇼핑몰에서 제공하는 문화와 놀이 체험장일지도 모릅니다. 그들은 흥미, 문화 체험, 몰입 등의 기능에다 근접성, 편리함, 저렴함의 장점을 가집니다. 말하자면 〈아날로그의 반격(데이비드 색스 저)〉을 시도한 것인데 이는 골프장들이 심각하게 지켜봐야 할 현상입니다. 실제로 20~30대 심지어 40대 중에서 키덜트 라이프 스타일을 추구하는 젊은층의 골프 관심도는 매년 떨어지고 있습니다. 이것은 세계적인 현상입니다. 그러나 그들이 골프장 대비 가지지 못한 것이 있죠. 바로 자연입니다. 더 자세히 말하면 단순히 경치 구경이나 관조가 아니라 자연 속에서의 극복 투쟁입니다. 쇼핑 자본은 통제되는 엔터테인먼트 상황으로 소비자를 유혹합니다. 엔터테인먼트는 인공적인 것입니다. 물론 놀라운 인공이죠. 사람들은 거기 가서 행복해합니다. 그러나 마이케 반 덴 붐의 독일 아마존 베스트셀러인 〈행복한 나라의 조건〉은 다르게 말합니다. 행복한 나라 상위는 핀란드, 스웨덴, 노르웨이, 캐나다 등인데 이들의 공통점 중 하나는 인구 대비 자연의 면적이 넓어 주말에는 자연으로 돌아가는 것이 국민 습관이 되어 있다는 겁니다. 그래서 긍정적인 심성이 생기니 휘게(Hygge. 편안함, 따뜻함, 아늑함, 안락함. 가족이나 친구 또는 혼자서 보내는 소박하고 여유로운 시간)나 라곰(Lagom. 스웨덴어로 '적당한', '충분한', '딱 알맞은'을 뜻하는 말로, 소박하고 균형 잡힌 생활과 공동체와의 조화를 중시하는 삶의 경향) 등의 행복한 가치를 좇는다는 거죠. 그만큼 행복과 자연은 밀접한 관계가 있습니다. 그런데 필자가 이렇게 골프장의 자연을 말하면 근육형 누군가는 다르게 반론할 것 같습니다. "아니, 우리도 인위적 문화 체험장, 성형된 엔터테인먼트는 싫습니다. 자연이 아니니까요. 그래서 우리는 산악 바이킹, 카약 같은 X-스포츠를 합니다. 우리는 강인한 근육과 헐떡거리는 숨을 확인하면서 투쟁과 극복을 원합니다. 그래서 인공 잔디, 인공 나무의 골프는 너무 약합니다."

아, 그렇군요. 골프에서 말하는 극복 개념은 그대들 추구 스타일과 다르군요. 그렇습니다. 사실 골프장에서의 극복은 헐떡거리는 투쟁이 아니라 자연과의 조화 속에서 조용한 극기를 추구하는 것입니다. 또 하나 있습니다. 머리를 쓰는 겁니다. 영화 〈비밀병기 활〉에 보면 마지막에 이런 명대사가 나옵니다. "바람은 계산하는 것이 아니라 극복하는 것이다." 그런데 골프장에서의 자연 바람은 이와 다릅니다. 그래서 "바람은 극복하는 것이 아니다. 계산하는 것이다." 이렇게 변화됩니다. 말장난일까요. 그래서 삼성이 그룹 3대 스포츠로 권장했던 것 아닐까요? 자연에서 머리로 자기와 싸우는 전략을 배우라고. 혹시 근육형 그대는 자연 속 극기에서 머리를 쓰시나요?

9. 기억을 중시하는 습관

스카이72에 가면 여러 종류의 기억을 기록하고 자극합니다. 굳이 안 해도 될 텐데 합니다. 그래서 더 특별하고 진정성이 느껴지나 봅니다. 스카이72 코스 이름인 하늘 코스, 바다 코스부터 인류학적 기억을 자극합니다. 하늘과 바다는 우리 인간에게 아주 높고 넓은 영원한 기억의 소재죠. 누군가는 한국인의 머릿속에 각인된 SKY(서울대, 고려대, 연대)를 기억할 겁니다. 로비에 들어가면 벽에는 수많은 사진이 붙어 있습니다. 이곳을 다녀간 세계적 골퍼들 사진과 이야기들입니다. 로커룸에 들어가면 어떤 로커에는 최경주 선수, 잭 니클라우스가 쓴 로커 등이 표시되어 있습니다. 재미난 기록도 있습니다. 박세리 초청 골프대회에 참가한 신한카드배 빅4 장타대회 뉴스입니다. 인천공항 제3활주로에서 비밀리에 열린 골프 여제 아니카 소렌스탐, 박세리, 폴라 크리머, 브리타니 린시컴 네 명이 5번씩 쳐서 비거리를 잰 시합인데 브리타니 린시컴이 무려 515야드로 우승을 했네요. 이 깜짝 이벤트 뉴스는 외신을 타고 보도돼서 화제가 되었었죠. 인천공항도 덩달아 홍보가 됐을 겁니다. 이런 것들을 보면 자연스럽게 전성기 그녀들이 기억납니다. 스타트 광장으로 나오면 바로 전면에 두 그루 큰 나무가 보입니다. 옛날 시골 마을 입구에는 대부분 느티나무가 있었습니다. 두 그루 나무가 느티나무는 아닌데 필자에게는 그것이 꼭 우리를 맞는 느티나무로만 보입니다. 그 나무 아래는 천하대장군, 지하여장군처럼 최경주, 박세리 상이 세워져 있고 굳게 그립을 쥔 두 손이 청동으로 주조되어 있습니다. 하늘 코스에는 미쉘 위를 기억하는 목각상이 있고,

LPGA가 열리는 오션 코스 곳곳에는 박세리, 아니카 소렌스탐, 너무 훌륭한 로레아 오초아, 폴라 크리머 등 세계적 선수들에 헌정된 홀이 표시되어 있습니다. 70~80년대의 추억이 돋는 붕어빵 포장마차는 여러 차례 말씀드렸습니다. 광복절에는 폭탄을 던졌던 열사들을 기억하자는 도시락 퍼포먼스도 열었고, 추석 때는 윷놀이를 하고 이 도령과 춘향 코스프레도 합니다. 영화 〈명량〉 이후 코스 17번 홀에는 명량대첩 표지판이 걸렸는데 이는 복수의 종을 치라는 말도 되지만 동시에 불멸의 충무공을 기억하자는 의미도 있는 것 같습니다. 비회원제 골프장이지만 그동안 내장한 수십만 골퍼의 스코어와 이용 행태가 기록되어 있다고 합니다.

이상 스카이72의 성공 포인트 9가지를 기술했습니다. 이중에서 1, 4, 5, 6, 7, 8번은 마이클 포터 교수가 말한 공유 가치 자본주의(SVC), 그리고 존 매키·라젠드라 시소도어 교수가 꼽은 깨어 있는 기업 요소에 부합하는 것들로 보입니다. 핵심 가치를 펀(Fun)으로 다르게 정의하고 심장이 두 개인 리더의 리더십과 주요 이해관계자(고객, 직원, 공동체, 자연)를 중시하는 경영 요소들입니다. 그리고 2, 3, 9번은 그들이 언급하지는 않았지만 비싼 대중 골프장이라는 불리한 조건 속에서도 스카이72가 15년 동안 꾸준히 그들만의 류를 만들어갈 동력이 된 차별화 요소들입니다. 그 결과로 한국의 사회적 자산이 되고, 한국의 관행을 깬 골프장이 되었습니다. 스카이72를 찾는 수십만 골퍼 상당수가 이 9가지 진면목은 잘 모르는 것 같습니다. 스카이72를 골프장이라는 틀에서만 보기 때문일까요?

세계적인 여자 프로들을 기리는 헌정 홀 사진. 위에서 부터
아니카 소렌스탐(6번 홀), 박세리(10번 홀), 로레나 오초아(5번 홀)

필자 눈에 콩깍지가 씌인 것인지는 모르겠으나, 스카이72는 업태는 골프장이되 지향은 골프장을 넘어서 있습니다. 다음에 찬찬히 보면 그때는 스카이72 내에서 스타벅스, 사우스웨스트 항공, 홀푸드, 이케아, 포스코, 나미 공화국이 보일 겁니다. 그럼 이제 그 콩깍지를 만든 사람을 만나보도록 하겠습니다. 워낙 다양한 개성을 가지고 대단한 성과를 낸 그를 어떻게 쓰야 하나 고민입니다.

시련과 극복의 세월,
동심으로 지키다

필자가 좋아하는 말이 "산이 신령스러운 것은 높아서가 아니라 신령이 살기 때문이고, 못이 신령스러운 것은 깊어서가 아니라 용이 살기 때문." 입니다. 이제부터 스카이72의 신령 이야기를 하겠습니다. 그것은 곧 스카이72 시련과 극복의 세월 이야기이기도 합니다. 지금은 웃지만 스카이72가 늘 잘나갔던 것은 아닙니다. 태생부터가 서해 영종도, 용유도 삼목도를 잇는 간척지에 힘겹게 만든 개척의 역사고 임차지니까요. 시멘트처럼 굳어 버린 골프장 패러다임을 바꾸면서 수많은 비난과 오해에도 휩싸였을 것입니다. 초기에 버디송 부르자고 할 때, 아이스크림과 붕어빵을 공짜로 주자고 할 때는 내부 직원들도 반대했을 겁니다. 퍼블릭 골프장이고, 클럽하우스나 목욕탕도 중국 골프장처럼 투박하고, 로비는 도떼기시장 같은데 왜 그렇게 비싸냐고 고객 불만이 엄청났을 겁니다.

그러니 이제 스카이72의 아픔과 도전의 이야기를 들어볼 때가 되었습니다. 그 이야기는 '영웅의 여정' 도식대로 하겠습니다. 기업 이야기에 '웬 영웅?' 하겠지만 앞에서 존 매키·라젠드라 시소도어 교수의 책 부제가 '기업의 영웅 정신 해방(Liberating the Heroic spirit of Business)'이라고 했던 것을 기억하면 크게 무리는 없을 거라고 생각합니다. 전쟁이 종식된 현대에서 영웅은 기업에서 나오니까요. 한국의 이병철, 정주영과 유일한 박태준부터 미국의 스티브 잡스(애플), 래리 페이지(구글), 존 매키(홀푸드), 이본 쉬나드(파타고니아), 블레이크 마이코스키(탐스슈즈), 영국의 아니타 로딕(더바디샵), 캐나다의 기 랄리베르테(태양의 서커스), 일본의 마스다 무네아키(츠타야), 중국의 마윈(알리바바), 스웨덴의 잉바르 캄프라드(이케아) 등은 다 비즈니스 영웅들입니다. 강고했던 사회 통념을 깨고 미래와 고객을 위한 철학을 구비했으며 판단력과 결단력, 돌파력과 카리스마를 가진 현대판 영웅 말입니다.

영웅의 여정 12단계

필자는 어쩌다 보니 신화학에 관심이 많아졌습니다. 신화는 필자에게 마치 〈이상한 나라의 앨리스〉나 〈어벤저스〉가 되는 동굴 입구처럼 보입니다. 그것을 읽다 보면 마치 필자가 신이 되고 영웅이 된 것 같아지죠. 과거의 신화 구조는 오늘에 적용해도 잘 맞는 경우가 많고, 특히 조지프 캠벨의 도식은 오늘날 기업 스토리텔링에도 많이 인용됩니다(참고 〈스토리 전쟁- 이야기 종결자가 미래를 지배한다〉 조나 삭스 저).

조지프 캠벨은 소년 시절, 북미 대륙 원주민의 신화와 아서왕의 전설이 놀라울 정도로 유사하다는 걸 깨닫고 그 후 콜롬비아 대학과 뮌헨과 파리의 대학 등에서 세계 전역의 신화를 섭렵합니다. 20세기 최고의 신화 해설자인 그는 명저 〈천의 얼굴을 가진 영웅〉에서 모험과 영웅 이야기에 공통으로 존재하는 서사 구조를 밝혀내고 이를 12단계로 정리했습니다. 유명한 '영웅의 여정' 또는 모노미스(monomyth)라고 부르는 공식이 그것입니다. 한번 볼까요?

① 평범한 일상의 세계가 그려진다.

② 갑자기 일상의 균형이 깨지고 모험이 불가피해진다.

③ 영웅이 소명을 부인하고 거부한다.

④ 선각자를 만난다. 그는 영웅이 소명을 받아들이도록 인도하고 깨워준다.

⑤ 영웅이 모험과 운명을 수용하고 새로운 세계에 진입한다.

⑥ 모험의 세계에 진입하고 적이 누구인지 동맹자가 누구인지 분명해지며 영웅의 자질에 대한 검증이 일어난다. 어머니의 상을 지닌 여신을 만나거나 주인공을 시험하고 판단하는 아버지의 형상 캐릭터를 만난다.

⑦ 영웅이 특별한 경험과 능력을 쌓고 수단을 얻는 '동굴로의 접근'을 한다.

⑧ 모험의 완수를 위한 시련을 만나 맞서 싸운다.

⑨ 시련을 이겨내고 보상을 얻는다.

⑩ 여행을 끝내고 일상으로 귀환한다.

⑪ 귀향하는 길에 부활한 적 또는 장애와 최후의 일전을 벌인다.

⑫ 모험을 통해 육체적·정신적으로 성숙해져 집으로 돌아오는 불로불사의 귀환

으로 이야기가 끝난다. 세상의 균형이 회복되고 주인공은 진짜 영웅이 된다.

이렇게 보니 〈해리포터〉, 〈반지의 제왕〉의 호빗족 영웅 프로도도 떠오를 겁니다. 그렇게만 생각하지 말기를 바랍니다. 이 도식을 나란 존재, 내가 하는 사업에 대입해 보십시오. 나는, 우리 회사는 과연 어느 단계에 있는 걸까? 나는 선각자를 못 알아본 건 아닌가? 영웅의 운명을 포기한 건 아닌가? 동굴로의 접근을 회피한 건 아닌가? 잊지 마십시오. 우리는 모두 누군가에게, 어디선가는 영웅이 되기 위해 태어난 사람입니다.

스카이72 영웅의 여정

필자는 2018년 6월 30일 스카이72의 신령, 아이디어 탱크, 동심의 카리스마, 골프장계의 이단아, 360도 매니저, 두 개의 심장을 가진 CEO 등으로 불리는 김영재 대표 사무실에서 인터뷰를 했습니다. 신체 나이에 비해 젊고 잘생긴 분입니다. 필자는 그의 이력을 묻지 않았습니다. 네이버 인물 검색에도 없습니다. 그것은 중요하지 않습니다. 과거는 현재를 정의하지 못하니까요. 그의 생물학적 나이에 사회적 나이 지수 0.7을 곱하면 40대 초반, 학교에서는 기타를 잘 치면서 반골 기질이었을 것으로 추정됩니다. 욕도 곧잘 하고 직설적인 걸로 봐서 책은 별로 보지 않았을 것 같

고 대신 진심, 휴머니즘, 돌직구 등의 가치를 추구했을 것으로도 판단됩니다. 워낙 에너지가 넘치고 할 이야기도 많아 너무도 긴 이야기가 될 것 같아서, 일단 영웅의 여정 도식을 따라가는 것이 독자들에게는 쏙 들어올 것 같습니다.

① 2000년대 초까지 골프가 오로지 사교나 접대 또는 신분 과시용이던 시절 김 대표는 돈이나 권력을 상속받지 못한 평범한 비즈니스맨이었습니다. 그는 배타적이고 권위적인 골프장이 싫었지만 자신이 할 수 있는 것은 별로 없는 골퍼였습니다.

② 그런데 2002년 영종도 간척지에 골프장 리조트를 만드는 사업이 시작됩니다. 그리고 에이스 회원권 대표였던 김영재 대표가 운영을 맡습니다.

③ 소명을 거부하는 것이 아니라 오히려 김 대표는 바로 본인의 소명을 받아들입니다. 그는 "이렇게 하면 틀릴 것이라고 생각해본 적이 없다."고 합니다. 왜냐하면 그는 골프장을 운영하는 사람이 아니라 골프장 그 일부이기 때문이라고 대답합니다. 골프에 대한 그의 열정을 알 수 있는 대목입니다.

④ 그가 만난 선각자는 대단한 골퍼나 경영 컨설턴트가 아니라 스코틀랜드, 아일랜드 골프장에서 만난 알바 캐디, 어린 골퍼, 평범한 지배인들입니다. 매년 해외 탐방에서 그들을 만나면서 김 대표는, 골프장은 편하고 즐거워야 한다는 생각을 굳힙니다.

⑤ 2005년 스카이72 골프장에 "골프에서 펀을 찾아라."라는 슬로건을 확정합니다. 이 문구는 당시 광고대행사에서 제시한 대안 중에 김 대표가 선택한 것입

니다. 김 대표는 광고회사에게 "골프가 너무 높은 데 있어요. 더 재미있고 편해야 합니다."라고 주문했다고 합니다. 그리고 그는 골프장 운영 아이템에 그 철학을 적용하면서 골프장계에 파란을 일으키기 시작합니다. 사람들은 욕하면서도 "뭔데 그래?" 하고 오기 시작합니다.

⑥ 싸구려, 얄미운 이단아 등 비아냥 소리가 들려옵니다. 내부에서도 반대 소리가 많습니다. 김 대표는 양싸부, 이경화, 백경자, 푸르샤(잔디 본부장) 등을 자신의 이너 서클에 끌어들입니다. 그들은 골프 아래층에서 경험한 수많은 조언과 협조, 인사이트를 전해줍니다. 그들이 스카이72 마케팅의 눈과 혀, 손이 됩니다.

⑦ 고가의 세계적인 퍼블릭 골프장 이미지를 굳히기 위해 2006년 KPGA SK telecom OPEN, 2007년 KLPGA KB국민은행 Star Tour 대회, 2010년 유진투자증권 오픈, 2014년 KPGA 선수권 대회 유치에 성공합니다. 2008년부터 2017년까지 KEB하나은행 챔피언십 LPGA를 유치하는 쾌거도 올립니다. 한국 퍼블릭 골프장에서 LPGA? 이는 한국이 월드컵을 유치한 거나 진배없는 겁니다. 천재 골퍼 미쉘 위가 61년 만에 남자 PGA 대회 컷 오프 통과, 박세리 소렌스탐 등 스타들의 인천공항 비공개 장타대회 같은 이슈들이 언론과 방송을 탑니다.

⑧ … 할 말 없답니다.

⑨ 정말 다양한 활동을 하고 여러 부문에서 포상을 받습니다.
  • 2009년 스카이72 새로운 CI·BI 선포
  • 2010년 스카이72 환경 생태 조사단 출범

- 2011년 나눔 실천 유공기관 표창(보건복지부)

- 2012년 녹색경영골프장 표창(환경부)

- 2013년 글램핑 온 더 그린 오픈(한국에 글램핑이 막 뜰 때입니다)

- 2014년 날씨경영인증(기상청)

- 2016년 골프장 최초 소비자중심경영(CCM) 인증

- 2017년 인천광역시 가족 친화 유공기업 표창

아시아 골프에서 영향력 있는 인물 선정 등 그 외에도 많습니다. 한국 골프
장에서 이런 활동력과 포상을 받은 골프장이 과연 있을까요? 혹자들은 '포
상이 밥 먹여주나'라고 말할지도 모릅니다. 그러나 그건 모르는 말입니다.
이런 내용들이 기업 평판과 명성을 만들고 주위에 다양한 우군을 만들어
너무 비싼 퍼블릭 골프장이라는 부정적 인식을 완화시켜 기꺼이 비싼 값을
지불하게 만드는 겁니다. 필자는 한때 그것을 쓰리쿠션(Three Cushion) 마케
팅이라고 부른 적이 있습니다. 매출을 높이고 싶으면 먼저 평판과 명성을
높이고 그것이 고객에게 가치를 심어주어 결국엔 매출을 올리는 쓰리쿠션.
실제로 김 대표가 클럽하우스 화장실에서 응가를 하고 있다 보면 고객들
이 "여기가 그 LPGA 하는 데 맞아?" "그렇다니까. 여기 로커에 붙은 세계
적 프로 사진들 봐봐. 그러니까 비싸지." "시설은 별로인데 대단하군." 이런
대화가 들린답니다. 그러니 연중 예약률이 높고 강남에 물 좋은(?) 골퍼들이
몰리고 한국 골프장 중에서 가장 매출이 높습니다. 주주들도 별 불만이 없
습니다. 다만 필자도 기업에서 직원 생활을 오래 해본지라 그 일들을 완수
해낸 스카이72 임직원들의 죽을 것 같은 노고가 눈에 선합니다. 박수를 보

아시안 어워드 수상 장면(뒤편 영상 인물이 김영재 대표)

냅니다. 당신들의 고생 덕분에 한국에 다른 기업들이 가야 할 큰 산, 쳐다볼 고원이 생겼으니까요.

이상이 필자가 김영재 대표와 인터뷰한 내용을 영웅의 여정 도식대로 정리한 것입니다. 나머지 3단계인 ⑩여행을 끝내고 일상으로 귀환한다. ⑪귀향하는 길에 부활한 적 또는 장애와 최후의 일전을 벌인다. ⑫모험을 통해 육체적·정신적으로 성숙해져 집으로 돌아오는 불로불사의 귀환으로 이야기가 끝난다. 세상의 균형이 회복되고, 주인공은 진짜 영웅이 된다는 아직 미래 일입니다. 귀환은 당분간 없습니다. 김 대표는 그래서 아직 완성된 영웅이 아닙니다.

독특한 인재 운용: 아래층에서 찾은 조력자들

인터뷰 중에 특이한 이야기를 들었습니다. 김 대표는 사회적으로 인정받는 엘리트를 별로 좋아하지 않는답니다. 그들은 다 학력도 좋고 정규 코스를 밟은 인재들이라 밑바닥에서 무슨 일이 있는지 모르기 때문입니다. 그래서 그는 아웃사이더, 아래층에서 보는 사람을 옆에 둔답니다. 양찬국 프로, 이경화, 푸르사, 백경자 주임이 그런 사람들입니다. 그런 인재들이 있어야 '누구도 알아주지 않는 것을 알아주는 문화'가 만들어진답니다. 이 대목에서 필자는 가슴이 쿵했습니다. 너무 중요한 말이니까요. 마치 스티브 잡스가 영국에서 건너와 애플에서 온갖 잡다한 일을 하던 디자이너 조나단 아이브를, 세종이 천출 장영실을 발굴해낸 듯한 데자뷰입니다.

양 프로는 지금이야 J골프 프로그램 진행자이고 골프계 3대 구라에 레슨 제자도 6천 명에 이르지만, 원래는 공부도 짧고 라이선스도 미국 USGT를 받았고 60대 중반에 티칭 프로 자격증을 받은 분입니다. 한국 프로계에서는 마이너 그룹 인물이죠. 그런데 그를 스카이72 골프장 헤드 프로를 맡긴 겁니다. 왜?

"그분은 골퍼와 골프장의 밑바닥 핵심을 볼 줄 알고 골프에 모든 것을 건 분입니다. 본질을 알고 입심이 좋고 표현력이 아주 맛깔스러워서 쏙쏙 들어옵니다."

이경화 씨는 앞 장에서 이미 말했습니다. 글 쓰는 거 싫어하고 책을 잘 읽지 않는 어쩌다 라이터(Writer)라고요. 그런데 너무 김 대표하고 생각이 통했다는군요. 일을 그만두겠다고 일곱 번을 말했는데 여덟 번째에야 어쩔 수 없이 받아들였다고 합니다.

백경자 주임은 원래 파트너 회사 직원 분이랍니다. 그런데 자기 주변 꾸미기를 좋아한다는 걸 알고 김 대표가 여자 로커와 사우나를 꾸며달라고 요청했는데 너무 잘하더랍니다. 정말 많은 사우나 서비스 용품이 꾸며졌고 심지어 가슴이 커지는 ○○크림(이 크림은 일부 고객이 종아리까지 발라서 품절이 쉽게 나는 폐단 발생)부터 여성 청결제까지 갖췄을 정도라고 합니다. 김 대표가 스카이72에 오는 여성은 늘 바쁘게 사는 분들이 많고 그래서 골프를 치고 사우나를 마치면 바로 비즈니스 현장으로 가도 될 정도로 준비하라고 했답니다. "골프를 치고 사우나를 마치면 바로 비즈니스 현장으로 가도 될 정도로 준비하라." 이런 지시 정말 좋습니다. 구체적이면서도 직원들이 무엇을 해야 하는지 재량을 부여하니까요. 거기 들어가는 용품은 해당 상품 기업에서 협찬을 받으니 서로 윈-윈-윈이었답니다. 매사 콕 찔러보는 성격인 필자가 "거기 물품이 최상품은 아니라는 평이 있던데요."라고 슬쩍 염장을 지르니 바로 "한국의 고객은 있는 사람이든 아니든 서비스 공간에 있는 물건을 몰래 가져가는 경향이 강해서 최상품은 놓을 수 없어요. 그러나 최소한 수준급 기업이 자사의 이름을 걸고 협찬하는 것들이고 스타일대로 필요 용품을 고를 수 있어서 만족도가 높은 편"이라고 말합니다. 진짜인지는 모르나 재벌기업 사모님도 몰래 벤치마킹하러 온다고 합니다. 백 주임은 그 후 플로리스트 자격을 획득하고 지금은 스카이72 여성 로커와 사우나를 주임 자격으로 관리하면서 동시에 자회사인 네스트 호텔에서는 플로리스트 실장이랍니다. 우와! 장영실이 따로 없습니다.

또 한번 찔러 봅니다. "이들을 음해하거나 흔들어대는 사람은 어떻게?" 그랬더니 당연히 아래층 그들을 시기하고 묘하게 비난하는 사람이 있었다고 전합니다. 그들도 다 유능한 인재들이지요. 김 대표는 그들도 물론 사랑하지만 속은 상합니다. (이 대목에서 김 대표의 목소리 톤이 올라간 것 같습니다) 그래서 김 대표는 그들을 불러놓고 아래층 사람들을 비난하면 한 방에 보내겠다고 으름장을 놓는답니다. 김 대표는 아래층 아웃사이더를 지켜주는 것은 리더만이 할 수 있다며 "아주 결연한 의지를 보여야만 하고 늘 지켜봐야 합니다."고 말하면서 앞으로도 아래층 그들이 남몰래 당한 설움과 눈물을 절대 좌시하지 않을 것이랍니다. 그게 리더에게는 정말 중요하다고 생각합니다. 이 대목에서 또 가슴이 쿵합니다. 요즘 이렇게 필자 가슴을 쿵하게 하는 경우가 없었는데 이번 인터뷰는 벌써 두 번이나 쿵합니다. 세종과 장영실 관계가 떠오르더니 이번에는 수호지에 나오는 양산박과 거기로 모여드는 영웅호걸이 떠오릅니다. 그래서 스카이72는 그렇게 다른 희망선(Desire Line. 본능에 따르는 자연스러운 길. 중세에 만들어진 길이나 양떼가 다니는 길 또는 예전 종로 피마골이나 공원 지름길처럼 사람들이 다니면서 만들어지는 길)을 타는 모양입니다.

예쁘게 얄미운 그리고 동심

마지막으로 본인을 지탱해온 한 단어가 있느냐고 묻자 망설이더니 필자한테 정해달랍니다. 잠시 기다리던 필자가 이경화 씨는 "동심"이라고 말했다고 하자 웃더니 사실 자기도 그거라고 합니다. 둘 관계는 마치 염화시중의 관계 같습니다. 김 대표가 말합니다.

"다중인격자, 동심. 그래요. 나는 동물 애호가, 음악 애호가라고 스스로를 생각합니다. 사업할 사람은 아닙니다. 그래서 더 재무제표를 신경 씁니다. 우리는 땅도 임차인데 고객을 위해 돈을 정말 많이 씁니다. 붕어빵에 월 2천만 원 이상 나갑니다. 그늘집은 당연히 덜 팔리지요. 어묵은 우리 부사장님이 직접 구매할 정도로 품질에 신경 씁니다. 다 고비용입니다. 임대료에 주주 배당도 주어야지요. 돈을 벌지 못하면 끝입니다. 그래서 죽어라고 장사꾼이 되지요. 사람들은 그게 얄밉다고 해요. 그런데 얄밉지 않으면 안 돼요. 그래서 '얄밉게 해도 예쁘게 얄미운 짓을 하자.'고

다짐합니다. 모든 것을 어린 눈으로 판단하자고 다짐하고 다짐합니다. 그러나 사업은 그러면 안 됩니다. 아차 하면 파산이고 그러면 주주, 관계자, 협력사, 직원들, 그리고 우리 가족 어떻게 해요? 내 가족을 길거리로 나앉게 할 수는 없잖아요. 늘 절박합니다. 가끔 이렇게까지 해야 하나 싶을 때가 있어요. 외부에서 기대하는 시선대로 모양과 형식에 치우치다가 내 본류를 잊고 사는 것은 아닌가 하는 회의감도 들어요. 흔들리다가도 '이렇게 하면 최소한 골퍼들에게 피해는 가지 않을 것이다.'라는 믿음을 가지고 사업을 합니다. 어쨌든 나는 납니다."

　이상을 정리하면 김 대표는 사회 통념을 거부하고 자신만의 철학을 세웁니다. 그는 그것을 엘리트가 아니라 해외의 아주 평범한 골퍼들에게서 찾습니다. 그리고 그 철학을 완성하기 위해 모든 아이템을 360도로 동원합니다. 그러려면 돈이 필요합니다. 그는 그것을 장사꾼의 태도로 확보합니다. 그러나 원래의 마음을 잊지 않으려 합니다. 밑바닥을 아는 아래층 인재를 구해 옆에 둡니다. 그들은 동지로 친구로 헌신적으로 일합니다. 그들은 점점 자신들의 영역을 확장합니다. 뭐하는지도 정확히 모르면서 골퍼들을 위한 길을 찾습니다. 오버도 하고 시행착오도 하고 비아냥거리는 소리도 듣지만 그냥 갑니다.

　한국의 대기업 전문 경영인들은 김 대표의 리더 모형을 코웃음칠 겁니다. 비현실적이니까요. 정치와 음모, 노조의 저항, 3년 이내라는 짧은 기간, 사사건건 정부와 주주(오너)의 개입. 이런 것들을 아냐고 물을 겁니다. 맞습니다. 비현실적입니다. 그러나 현실적입니다. 그렇게 했다는 증거가 바로 영종도에 있으니까. 그러니 특수 사업부를 만들어 김 대표 같은 리더십을 가진 사람을 써도 될 겁니다. 록히드 항공사가 1943년 스컹크웍스 팀(미국 캘리포니아 공장 구석 주변의 고무 공장에서 발생하는 악취가 심해 스컹크들이 일하는 장소라는 별칭으로 불리던 팀. 부두 노역자 출신이던 천재 엔지니어 켈리는 회사 내 최고 인재들로 팀을 구성해 미군 최초의 제트전투기 F-80, 세계 최초 마하2 전투기 F-104, 세계 최초 마하3 정찰기 SR-71 등 명품 군용기를 연이어 개발. 이 팀은 그 후 많은 기업에 벤치마킹됨)을 만들어 성공시킨 것을 기억한다면 말이죠.

복합쇼핑몰의 부상과
미래 트렌드

모든 것이 눈이 돌 정도로 변하는 시대입니다.

골프장의 미래는 어떻게 올까요?

사람들이 바라보는 것에서 오겠지요. 그러니 먼저 사람들이 어디를 향하고 있는지 트렌드를 볼 일입니다. 요즘 특히 엔터테인먼트 체험 산업이 황금알을 낳는 거위입니다. 이미지에만 치중하는 영화관도 고객이 줄고 있어 CGV도 그 거위 등에 탈 태세입니다. 그런 중에 연일 롯데월드몰과 스타필드 하남 이야기가 들려옵니다. 인기가 대단한 모양입니다. 골프장 경영도 그 흐름을 무시할 수는 없습니다. 젊은 고객의 시간과 돈은 한정되어 있으니 결국 그들을 뺏기 위한 무한 쟁탈전이니까요. 그래서 그런

몰+체험 엔터테인먼트 전문가 눈을 빌어 그곳을 들여다봅니다.

유통산업을 중심으로 리테일 트렌드를 연구하는 석혜탁(필명)이 쓴 〈쇼핑은 어떻게 엔터테인먼트가 되었나〉는 한국과 글로벌 유통의 최신 흐름을 폭넓게 다룬 책입니다. 그를 보면 지금 유통산업이 정신없이 확장 중이고 책 제목처럼 '쇼핑'과 '엔터테인먼트' 산업이 결합하고 있는 것이 큰 흐름입니다. 기업으로는 디즈니, 나라로는 일본이 그런 것을 아주 잘했죠. 책에서는 다양한 유통산업의 현재와 미래가 소개되는데 복합쇼핑몰에 대한 부분이 특히 눈에 띕니다. 온라인과 오프라인, 가상 공간과 현실 공간 등 서로간의 영역이 파괴, 통합되어 가는 최근 미래의 골프장 운영에 참고가 될 것 같아서 몇 부분 인용해 봅니다.

- 오스트리아 출신 건축가 빅터 그루엔(1903~1980)은 미국 최초의 현대적 쇼핑몰인 사우스데일 센터를 설계했는데 그는 쇼핑몰을 '이웃들을 위한 모임 장소'로 구상했다.
- 라스베이거스의 고급 쇼핑몰 포럼숍은 해마다 수천만 명의 관광객이 찾는다.
- 복합쇼핑몰은 쇼핑센터, 쇼핑타운으로도 불린다.
- 복합쇼핑몰의 동선은 연결성, 접근성, 가시성, 쾌적성이 중요하다.
- 신조어가 생겨났다. 몰링(족), 몰고어(Mall-goer), 몰랫(Mall-rat. 복합쇼핑몰을 생쥐처럼 부지런히 다니는 10대, 20대 남성 몰링족), 몰워커(Mall-walker. 운동삼아 몰을 돌아다니는 부류), 몰리(Mallie. 쇼핑부터 이벤트까지 즐기는 젊은 여성), 몰캉스(Mallcance. 몰로 바캉스를 떠나는 문화), 몰세권(몰이 들어서면 경제 가치가 상승).

- 역사학자이며 문화인류학자로 〈걷기, 인간과 세상의 대화〉 저자인 조지프 아마토는 쇼핑몰이 도시 생활에 지쳐 소외된 사람들에게 걸어 다니며 이야기할 수 있는 새로운 안식처 역할을 한다며 "마을이 없는 사람들에게 마을이 되었다."고 함.
- 2011년 12월 오픈한 롯데몰 김포공항점은 세계에서 보기 드물게 국제공항 인근에 건립된 복합쇼핑몰로 녹지 공원(스카이파크)의 면적을 대규모로 확보한 친환경 몰링 파크이다.
- 잠실 롯데월드몰은 오픈 3년 만에 중국 관광객을 포함하여 누적 방문객 1억 명 돌파.
- 스타필드 하남은 체류형 쇼핑 테마파크를 지향한다. 오감만족 워터파크이자 찜질스파인 '아쿠아필드', 스포츠와 익스트림 게임을 즐길 수 있는 '스포츠 몬스터'는 각각 1년에 51만 명, 25만 명의 고객을 맞이했다.
- 2016년 8월 오픈한 스타필드 고양은 먹는 것과 놀이가 융화된 이터테인먼트(Eatertainment) 측면이 강하다. 이곳에 입주한 상점의 3분의 1이 비쇼핑 시설이다. 온 가족이 함께 골프를 즐길 수 있는 스크린 골프장 '데일 골프', 볼링, 당구, 미니 사격, 다트를 한자리에서 즐길 수 있는 펀 시티 등 다채로운 엔터테인먼트 콘텐츠를 선보였다. 토이킹덤은 완구 쇼핑은 물론이고 놀이기구 탑승과 어린이 직업 체험까지 가능하다.

이들을 보면 복합쇼핑몰도 페이스 팝콘이 1981년에 짚었던 '디지털 코쿠닝'(Cocooning. 누에고치처럼 방에 콕 처박힌 사람들. 미국은 9.11테러 이후 더 심화)족을 자신들 공간으로 불러내려고 안간힘을 쓰고 있는 것이 보입니다. 닌텐도는 게임 매니아를 아웃도어로 불러내려고 획기적인 아이템 포켓몬 고를 만들기도 했지요. 이처럼 이종 기업들 간에도 서로 덩치를 키우고 아이템을 늘려 자기 영역으로 모든 걸 통합하려고 합니다.

바로 이 노력을 골프장은 배워야 합니다. 점점 시대의 욕망 키워드는 ▲저가 ▲편리 또는 적게 노력해도 되는 ▲단기적인 ▲엔터테인먼트 쪽으로 갑니다. 디지털과 가상·증강현실(VR/AR)은 그런 욕구와 잘 부합하기에 특히 미래 지향적입니다. 아날로그 골프장은 아직 그런 흐름의 반대쪽에 있지요(단 골프 연습장과 스크린 골프는 예외임. 이들은 복합쇼핑몰과 소비 코드가 많이 일치함). 광대한 자연을 배경으로 하고 상대적 고가에 골프를 잘 치려면 시간, 돈, 체력을 많이 투자해야 합니다. 골퍼들이 얼핏 약골에 한량 같지만 사실 그들은 땀 엄청 흘리고 골프에 꽤 많이 투자합니다. 흔히 그런 말을 합니다. 당구를 3백 치려면 황소 한 마리, 골프를 싱글 치려면 차 한 대, 폴로를 핸디 2까지 치려면 집 한 채 값이 든다고. 그러니 싱글까지 치려면 차 한두 대 값은 날려야 하고 눈, 비, 바람 맞고 새벽에 차로 2~3시간 거리에도 나가야 하고 그러다가 갈비가 나가고, 손에 물집이 잡히고, 얼굴이 새까맣게 타고, 거기에다가 "세상에 안 되는 게 두 가지 있다. 자식하고 골프"라는 말이 있듯이 피지컬+멘탈 트레이닝까지 많은 노력을 합니다. 이들을 골프 워리어(Warrior)라고 불러도 될지는 모르겠으나 분명히 돈 이외에도 많은 노력을 합니다. 복합쇼핑몰이 유혹하는 세계와는 다르지요. 그럼에도 대세는 편, 엔터테인먼트, 착한 가격,

214

가족과 함께하기, 젠더 감수성(현재 골퍼는 남성이 83%. 젠더 감수성이 절대 부족함) 등인 것은 분명합니다. 골프의 강점에 이것을 통합해야 합니다.

조이 오픈

국민에게는 착한 골프, 새로운 국제시장 기회를 만드는 골프 한류를 위해서 필자가 몇 가지 아이디어를 내볼까 합니다. 스카이72 김 대표처럼 아이디어 뱅크는 아니어도 필자도 한때는 아이디어 뱅크라는 소리를 곧잘 들었으니까요. 책을 쓸 때도 주장과 논리와는 별개로 아이디어를 내지 않으면 뷔페에 가서 김밥과 우동만 먹고 온 기분입니다. 이 오지랖 기질, 양해 바랍니다.

먼저 몇 권의 책 이야기를 하지요. 영국 〈이코노미스트〉 파견 기자였던 다니엘 튜더가 쓴 〈기적을 잃은 나라, 기쁨을 잃은 나라〉의 제5장이 '경쟁은 계속된다. 먹고살 만해져도'인데 여기서 공부하는 기계, 일하는 기계

란 표현이 나오고 이어서 '여러분 행복하십니까?'를 묻고 있습니다. 책 제목에서도 알 수 있듯이 저자는 한국이 '세계 최고 병(病)'에 걸려 경쟁과 일의 머신이 되어 가고 있다고 지적합니다. 한국이 행복하려면 비교하고 늘 경쟁하고 승부에 집착하는 경향에서 벗어나야 한다고 제안합니다. 이런 병증을 프랑스 한국 지사 기업인이 더 과장되게 쓴 〈한국인은 미쳤다〉 같은 책도 있습니다. LAB 2050 이원재 대표는 〈아버지의 나라, 아들의 나라〉를 써서 세대 간 갈등을 짚기도 했습니다. 베스트셀러 소설이고 고(故) 노회찬 의원이 문재인 대통령에게 추천했다는 〈1982년생 김지영〉 같은 소설은 한국 사회의 뿌리 깊은 성차별을 짚습니다. 이런 이야기는 이제부터 필자가 얘기하려는 골프의 비전1에 힌트를 주는 책들입니다.

요즘 한국이 문화적(골프, 피겨, 야구, 축구, 양궁 등 스포츠 포함)으로 뜨고 있는 것은 쉽게 확인할 수 있습니다. 싸이가 '강남스타일'로 유투브 20억 뷰란 엄청난 기록을 세우더니 K-POP 아이돌 방탄소년단이 미국 빌보드 앨범 차트 1위를 차지하고, 또 국악 퓨전밴드인 씽씽밴드가 세계 대중음악계의 신성으로 주목받습니다. 이들이 떴던 것은 공통적으로 기존의 격을 파괴하고, 또 개별적으로 참신하며(씽씽밴드), 재미있고(싸이), 공감이 가고 SNS를 전략적으로 잘 활용했기(방탄소년단) 때문일 겁니다. 물론 이 배경에는 제1세계, 제2세계의 대안국가로서 한국에 대한 관심과 한류의 부상이 있습니다. 한국인이 특히 좋아하는 베르나르 베르베르는 그의 소설 〈제3 인류〉에서 마지막 인류의 구원 장면에 한국인 히파티아 김(꽤 신비스럽게 묘사)을 등장시키는 센스를 발휘하기도 했습니다. 하버드 대학 출신으로 한중일 3국의 비교문화를 전공하는 경희대학 국제대학원 임마누엘 패스트라이쉬(한국 이름, 이만열) 교수는 〈한국인만 몰랐던 대한민국〉 등 시리즈 저서에서 글로벌에 기여할 한국의 알려지지 않은 능력과 대표적인 모델로 홍익인간 이념과 선비 정신을 대안으로 제시합니다. 이런 글로벌 관심과 기여 기회가 골프의 비전2입니다. 요즘 핫이슈인 비핵화에도 '한국 운전자론'이 역할을 하고 있습니다. 그러니 우리 미래 세대들은 한국을 낮잡아보지 마시길 바랍니다. 운전자는 드라이버인데 하필 이것이 골프에서 처음 치고 나갈 때 쓰는 드라이버와 언어가 같군요. 이참에 골프가 제1비전, 즉 세대와 성의 갈등을 푸는 데 도움이 될까? 두 번째 비전인 글로벌 사회에 기여가 가능할까를 생각해보기로 하겠습니다.

스코어와 내기에 집착하는 골프

그러기 전에 먼저 기존의 한국 골프에 만연한 경쟁과 승부, 과시 골프 버릇을 짚어보겠습니다. 그것이 대표적으로 드러난 것이 스코어 집착과 내기입니다.

아마추어 골퍼 스코어는 사실 그다지 중요한 것이 아닙니다. 돈 많이 들이고 열심히 나가면 완전 몸치가 아닌 이상 스코어는 좋아집니다. 그런데 한국 아마추어 골프 스코어는 대부분 엉터리입니다. 첫 홀은 일파만파(티오프 첫 홀에서 한 사람이 파를 하면 모두가 파), 멀리건(Mulligan, 최초의 샷이 잘못돼도 벌타 없이 주어지는 세컨드 샷을 말한다. 실력 차가 현격히 나는 골퍼들과 경기를 치르며 도저히 동등하게 경기를 하기 힘들자 다시 칠 수 있는 기회를 달라고 요청한 멀리건이라는 사람의 이름에서 유래), OK 거리의 임의성, 해저드와 OB, 로스트볼 처리 등이 엉터리인데 스코어가 제대로일 리 없습니다. 그런 말이 있죠. "싱글이라는 골퍼도 엄격하게 룰을 적용하면 전체 80%의 골퍼는 100타 언저리일 것"이라는. 그런 엉터리 스코어로 만든 싱글이 무어가 중요합니까? 반대로 생각해야 합니다. 스코어에 대한 집착을 버리면 골프가 훨씬 즐거워집니다. 그리고 동반 여성이나 하수 골퍼도 편하게 골프를 즐길 수 있습니다. 그런데 스코어에 집착하는 이유가 타고난 승부 근성과 내기입니다. 스코어가 좋아야 내기에서 돈을 따니 스코어를 우깁니다. 그러니 아마추어 주말 골프의 분위기와 질을 결정하는 데는 내기 방식이 중요합니다.

흥을 돋우는 내기

자기 골프의 완성, 스코어는 뒷전이고 내기 때문에 골프 치는 사람도 많을 겁니다. 인간 자체가 호모 루덴스라 하니 유희형 내기는 사실 흥을 돋우는 데는 그만입니다. 경로당 할머니들도 100원짜리 민화투를 친다니까요. 그런데 한국 골프엔 내기 종류가 참 많습니다. 다른 나라에서도 하는 매치 플레이, 스킨스(그 홀에서 제일 잘 친 사람이 정액을 가져가는 내기), 스크래치(타당으로 돈을 주는 내기. 배판으로 들어가면 판이 꽤 커진다) 등은 그렇다 치더라도 한국에만 있을 것 같은 전두환, 조폭 등의 내기는 특이한 현상인데 내용이 아주 폭력적입니다. 전두환, 이것은 버디를 한 사람이 다른 동반자 돈을 싹쓸이하는 내기입니다. 그동안 착실히 점수를 따온 사람도 버디 한 방에 다 뺏기는 겁니다. 전체 스코어가 아무리 좋아도 버디를 못한 사람은 빈털터리가 됩니다. 인생 한 방의 지독한 경쟁사회, 운구기일(運九技一) 관점을 적나라하게 보여주는 내기 방식입니다. 조폭 방식은 버디를 하면 딴 돈 다 내주고, 더블 보기를 하면 딴 돈 50%를 벌금으로 내놓고, 트리플 보기 이상을 하면 딴 돈을 다 내놓는 겁니다. 모두 당시 사회를 반영하는 내기 방식이죠. 내기는 사회의 거울입니다. 그런데 이러면 처음에는 웃으면서 시작하다가 나중에는 욕이 나오고 분위기가 싸늘해집니다. 아무리 철학 교수님이라도 돈 잃고 기분 좋지는 않을 겁니다. 반면에 뽑기(치고 나서 홀마다 뽑지를 뽑아 편을 나눈 후 편끼리 점수를 합산해서 승자를 가림), 라스베가스 방식(볼이 날아간 좌측, 우측으로 편을 가르거나 전 홀 1등·4등, 2등·3등이 편먹기, 전 홀 꼴찌가 자기 편을 고르는 방식 등)의 내기는 대체로 온전하며 즐기기만 할 뿐 누가 특별히 더 가져가는 돈도 없습니다. 캐디피 내고 식사하면 땡입니다. 이런 내기를 하면 골프가 편해지고 농담도 나오고 눈에서 불을 뿜지 않습니다. 한국형으로 평등을 중시하는 방식도 있습니다. 일명 'OECD 방식'인데 OECD는 잘사는 나라로 기금을 많이 내는 나라입니다. 그래서 골퍼가 일정 액수를 따면(보통 낸 돈의 60%) 자동으로 OECD에 가입하게 됩니다. 그럼 더블 보기, 벙커, 해저드, OB, 쓰리 퍼팅을 하면 기금(?)을 내는 방식입니다. 그러면 다소 못 치는 골퍼에게는 고소하기도 하고 또 기회가 더 가죠. 슈퍼 OECD도 있습니다. OECD를 가입했는데도 조항에 해당하는 실수가 없으면 더 가혹한 제약이 가해지는 겁니다. 볼이 도로나 나무에 맞을 경우, 뒤땅치기나 토핑(Topping, 볼 머리를 쳐서 뜨지 않고 굴러가는 경우)이 나는 경우, 영어(클럽, 파, 버디, 라이 등 골프 용어도 해당함)를 쓸 경우, 연습 스윙을 하는 경우에도 기금을 내는 겁니다. 평등 지향의 한국인이 할 법한 방식이죠. 다시 말합니다. 내기가 나쁜 것은 아닙니다. 심하면 안 좋다는 거죠. 그래서 스코어 집착과 내기를 조정하면 골프에서 왕따 당하는 여성이나 젊은 하수 골퍼들을 끌어들일 수 있습니다.

가족 사랑 할인, 부부 러브 할인

가끔 골프장에서 한 가족이 골프를 치는 모습을 보면 많이 부럽습니다. 어떻게 보면 행복의 완성이죠. 우리네 가족(家族) 개념은 영어의 패밀리(Family)에 비하면 가족 간 친근성이 덜합니다. 영어 패밀리는 원래 하인이나 노예를 뜻하는 라틴어 famulus에서 유래했습니다. 이후 한 집안(가족과 하인을 포함하는 개념)을 의미하는 라틴어 familia, 중세 영어 familie를 거쳐 현재의 가족(동거 여부를 불문하고 혈연으로 맺어진 관계)을 뜻하는 family가 되었습니다. 그게 형용사로 쓰이면 '아주 친근한'이라는 뜻이 됩니다. 그런데 한국의 가족은 아직 그렇지를 못합니다. 이를 증명하듯 클로드 레비스트로스가 쓴 〈신화학〉에는 여러 종족의 친족 구조 도표가 나오는데 한국은 아버지와 아들이 농담 관계가 아니라 회피 관계로 그려집니다. 서로 어려운 거지요. 이걸 골프가 퍼밀리어(Familiar)한 농담 관계로 만들어주었으면 합니다.

비즈니스에서 골프를 치면 왜 가까워질까요? 다섯 시간 동안 같이 걸으며 대화하고 공통의 기억을 만들기 때문입니다. 더구나 아름다운 자연에서 몸을 쓰면서 만드는 기억입니다. 제주도 올레길을 천천히 걷듯이 하면 행복 호르몬인 세로토닌이 잘 돕니다. 골프장에는 그런 행복 창출 마력이 있습니다. 골프를 치려면 돈, 시간, 친구, 체력 네 가지가 있어야 한다고 하는데 한 가족이 그리 한다면 얼마나 축복입니까. 그런데 한 가족이 골프를 치면, 요즘 가격이 낮아졌다고 해도 부담이 큽니다. 그러니 국가 행복 진흥 차원에서 3인 이상 가족 골프를 하면 그린피 50%를 할인해줍시다. 부부라면 30%를 할인해줍시다. 그럼 세대 간, 가족 간, 부부간 소통이 됩니다. 여성을 타깃으로 하는 기업들과 해당 골프장이 있는 지자체에서 가족 행복기금으로 후원금을 내는 방식도 가능할 겁니다. 서민층 반발이 있겠지만 서민층도 생각을 바꿀 필요가 있습니다. 사실 지금 골프가 고급 스포츠는 아닙니다. 낚시나 산악 바이킹, 캠핑보다도 쌀 수 있습니다. 그러니 특정 고급 스포츠 지원이라고 쌍심지를 켤 필요는 없습니다. 오히려 이참에 즐기겠다는 생각이 더 중요합니다. 처음에는 일 년 내내가 아니라 5월 가정의 달 한 달로 제한해서 실시하는 것도 방법입니다. 늘 파괴적 선구자인 스카이72가 먼저 하면 딱입니다. 그럼 골프장에 대한 인식이 한 단계 더 올라갑니다.

아시아 조이 오픈으로 아시아 스타일 창출

'골프의 기원이 과연 스코틀랜드만일까? 동북아에 있던 격구는 뭔가? 아

시아는 언제까지 스코틀랜드 스타일을 추종만 해야 할까?'

필자는 이런 엉뚱한 질문을 해봅니다. 스카이72는 분명히 유머로 차별화된 세계적 모델을 가지고 있고 아시아에서도 주목받고 있는 골프장입니다. 또한 김영재 대표는 아시아에서 영향력 있는 인물이니 일단 유머, 감동, 친환경을 차세대 모델로 생각하는 아시아 각국 골프장과 제휴하고 '조이 마크'를 공유하면 어떨까요? 그러면 골프에서 펀을 찾는 아시아 조이 골프 클러스터가 만들어집니다. 필자가 알기로는 시간과 타수를 복합 계산하는 스피드 골프나 풋 골프 같은 대안 골프는 있어도 유머 골프는 없습니다. 이 조이 골프 클러스터끼리 상호 방문, 조이 골프 대회를 개최하는 거죠. 이름하여 '조이 오픈'.

그 대회에는 골프뿐만 아니라 각국 문화와 놀이를 연계할 수도 있습니다. 사실 골프 기원설은 4개이고 그중 양치기 목동들이 링크스 지형에서 야생 토끼 굴에 돌을 막대기로 쳐넣는 놀이에서 발전했다는 스코틀랜드 기원설이 유력하지만 세계 각국은 공을 막대기로 쳐서 구멍에 넣는 전통이 대부분 있습니다. 한국도 양치기 목동들의 원시 골프보다 더 세련된 격구 문화가 있었습니다. 한국민족문화대백과에 '격구(擊毬)' 관련 내용을 보면 격구는 말을 탄 채 숟가락처럼 생긴 막대기로 공을 쳐서 상대방 문에 넣는 놀이로 민간에서는 이를 '공치기' 또는 '장치기'라고 했고, 중국에서는 '타구(打毬)'라고 불렀다고 합니다. 요나라와 금나라 사람들이 즐겼으며, 최치원이 당나라에 머물러 있을 때 이미 크게 유행했다고 합니다. 역사 자료를 보면 한국은 이 놀이를 삼국시대에 받아들였을 것으로 추정되는데 고려 의종 이후에는 국가적인 오락 행사가 되었으며, 조선시대 세종은 "격구를 잘하는 사람이라야 말 타기와 활쏘기를 잘할 수 있으며, 창과 검술도 능란하게 된다."고 했고, 조선의 정기적인 군대 열병식에서는 반드시 이를 실시했다고 합니다. 말을 타지 않고 공을 쳐넣는 놀이도 중국 당나라에 이미 있었다고 합니다. 그러니 골프는 하늘이 무너져도 스코틀랜드 것이라고 생각할 필요는 없을 겁니다. 유머+전통이 결합된 골프 축제, 조이 오픈!

그러면 아시아 각국의 조이 클러스터 골프장들은 영국, 스코틀랜드 스타일이나 미국과는 확실히 차별화된 모델을 찾을 것입니다. 한국 K-POP도 사실 미국 랩과 일본 밴드 등의 모티프를 받아서 한국식으로 만든 것이니 못할 것도 없습니다. 아시아 골프 시장이 전 대륙에서 가장 빠른 속도로 성장하고 있는데 영미 모델만 추종하지 말고 아시아만의 골프 스타일을 전통과 연결해서 차별화하는 거대 담론이 필요합니다. 그 길로 가는 데에 한국은 유리합니다. 잘 보십시오. 세계 최초로 '스크린 골프'를 만든 나라가 한국입니다. 그래서 골프 종주국이 영국이라면 스크린 골프 종주국은 한국입니다. 디 오픈에서도 스크린 골프는 점점 인정을 받고 있습니다. 몸을 쓰는 스포츠에서도 VR은 무시할 수 없는 흐름입니다. 스크린 골프 개발자인 김영찬 골프존뉴딘그룹 회장은 김영재 대표와 함께 아시아 골프계에서 가장 영향력 있는 인물 중 하나입니다. 한국 R&D의 영웅인 거지요. 2016년 미국 골프산업 전문지인 Golf. Inc는 그를 세계에서 영향력 있는 골프 인물 28위에 선정한 바도 있습니다. 한국인 최초인데 경하할 일이지만 28위라니 더 가야 합니다. 스크린 골프가 골프 한류로 세계를 강타하기 바라는데, 2005년 설립되어 매출 수천억대의 상장회사로 파죽지세 성장하던 골프존 그룹은 현재 세간에서 말이 좀 많습니다. 표면적으로는 스크린 골프 포화 상태, 경쟁자 출현, 그리고 매장 점주와의 갈등(사회적 기업으로서의 역할 미흡) 때문이라고 알려져 있지만 (경영적 측면) 필자가 보기에는 기계 제조 회사를 넘는 소프트웨어 모델을 찾지 못하고 또한 기업 이미지 관리를 못한 것(브랜드 관리 측면)도 이유일 겁니다. 많은 사람이 스크린 골프를 찾고 감탄하지만 감동은 없습니다. 기술과 기능만 있기 때문이지요. 만일 골프존이 스카이72의 소프트(유머, 인간 경영 등)와 제휴한다면 차별화된 서비스와 감성 품질 아이템 개발이 가능해지고 그 모델로 급성장 중인 아시아 시장(특히 태국, 베트남, 인도네시아, 중국 – 한류 선호 국가)을 공략할 수 있다고 보입니다. 한국의 골프 파워가 몇 배 세지는 거지요. 스크린 골프 하드웨어에 붕어빵 서비스, 유머 글판, 감성과 친환경 메시징, 빅컵홀 같은 서비스를 결합한다고 생각해 보십시오. 아시아 골프계는 IT 한국이 만들어낸 스크린 골프와 더불어 전문가들 사이에서 한국의 스카이72, 그리고 김영재 대표를 잘 알고 있습니다. 각각 하드웨어와 소프트웨어에서 강점을 가지는 두 회사의 조이 온오프 콜라보레이션 어떨까요?

골프협회와 관광공사, 콘텐츠진흥원, 무역협회 등이 밀어주고 스카이72가 선봉을 맡아서 이런 온오프 통합 조이 클러스터를 만들면 아시아 골프장 상호간 골퍼 연계, 소속 프로 교환, 서비스와 기술 제휴, 전통 놀이의 재현으로 관광 효과 강화와 콘텐츠 발굴, 친환경 노하우 공유 등도 가능해질 겁니다.

조이 오픈 골프 축제와 관광

미국의 블랙 프라이데이, 한국의 그랜드 세일, 중국의 광군제(11월11일) 등은 전국적인 할인 행사이고 이때 기업들은 재고를 처리하고 매출이 급등합니다. 이것을 골프 관광에도 적용해보는 겁니다. 스카이72와 제휴한 한국·해외 골프장(스카이72 조이 인증 골프장)과 연계해서 여름 휴가철(비수기)에 전국적인 골프 대회를 2주간 여는 겁니다.

일명 '조이 오픈 데이, 코리아'. 지금 한국은 축제 공화국이 되어 가는데 대규모 외국인이 찾는 글로벌 축제는 전무합니다. 골프는 지금 아시아 국가들을 중심으로 점점 늘어나고 있습니다. 그러니 골프를 소재로 하면 아주 차별화된 골프 축제가 만들어지는 겁니다. 당연히 코스 설계와 서비스에 스카이72 트레이드마크인 유머를 섞어서 말이죠. 여기에 스크린 골프 인간 중심 기술이 합류하고, 한류 장터 기능을 넣는 것도 방법입니다. 그리고 매출 일부는 러브 오픈 기금으로 조성해서 국제기구에 기부하는 겁니다. 지금 일본이 골프 관광 유치에 열을 올리기 시작했는데 관광공사가 인바운드 관광 정책 차원에서 지원도 팍팍 하면 좋을 겁니다. 외국에서 2주간 와서 한국 골프 축제를 즐기려면 체류비, 소비, 지역 투어와 교통, 지역 이해 등 부대비용이 많이 발생합니다. 국익에 도움이 됩니다. 그리고 골프를 치면서 기분도 업되기에 한국에 대한 인상도 좋아집니다. 이 기간에 골프 페어를 여는 것도 토털 관광으로 좋은 시도 겠지요.

한국을 깬 골프장, SKY72 이야기

3부

골프는 살아 있다

About 골프산업

○ 한국 골프 관광 시장 규모: 약 10조 원

● 경제적 파급 효과 : 19조 4천억

○ 고용 창출 효과: 10.4명/ 지출 10억 원당(제조업은 6.2명)

　* 한국 4대 스포츠(축구, 야구, 농구, 배구) 산업 규모: 4조 280억(2014년)

● 국내 골프 인구: 500만-620만 명 추산

○ 골프장 내장객 기준 골프 인구: 2,200,000명

● 골프장 누적 연 이용객 : 3,672만 명(2016)

○ 골프장: 483개(대중 골프장 265개 포함)

● 골프 연습장 9,393개(스크린 연습장 7,453개 포함)

　* 미국 골프산업 경제 효과

　　: 90조 원(2011년 대비 22% 증가)

　　: 골프장 15,000개. 골프 인구 2,400만 명

　　: 고용 효과 189만 명, 골프장 운영 수익 344억 달러

　　: 골프 관광업 257억 달러

이상은 <골프저널> 2018.2.17일 기사(한국골프장경영협회가 한국관광연구학회 골프 관광정책연구팀과 함께 조사 분석한 내용)와 '대한민국 골프산업백서 2016', 세계골프 재단의 '미국 골프 경제 보고서'에서 인용.

전문가 좌담 :
골프의 꿈, 골프장의 길

황인선(사회)

김도균(경희대학교 스포츠 산업 경영학과 교수)

이용규(스카이72 홍보실장)

양찬국(스카이72 헤드 프로, J골프 '노장불패' 진행)

황: 와주셔서 감사합니다. 간만에 골프 얘기 편하게 한번 하시죠. (일동

상호 인사)

요즘 골프산업 현황은 어떤가요?

요즘 골프산업 동향

김: 전체적으로 기존 골퍼들은 좀 줄어드는 대신 젊은층과 여성의 증가가 있어서 숫자로는 정체라고 봐야겠죠. 골프장 입장에서도 주중 골퍼들이 늘면서 어느 정도는 상쇄되는 걸로 알고 있습니다.

이: 김 교수님 말씀대로입니다. 거기다가 탄력적인 가격 운용을 하고 야간 경기 반응이 좋은 것도 긍정적 영향을 미칩니다.

황: 젊은층이 증가한다는 것은 좀 이상하네요. 오히려 전보다 30~40대 젊은층이 더 골프를 치지 않는 걸로 아는데요. 게임이나 X-스포츠 또는 해외여행이나 인도어(Indoor) 추구 라이프 스타일이 퍼져서요. 아닌가요?

이: 그 데이터는 좀 잘 봐야 하는데요, 전체 경향으로 보면 그렇게 보이지만 사실 요즘 돈 많은 젊은층이 많아요. 보통 골프를 치려면 4가지가 있어야 한다고 하잖습니까.

양: 돈, 시간, 체력, 친구 이 4가지가 있어야지요. 그런데 요즘은 젊은층 중에서 그 네 가지를 가진 층이 늘고 있어요. 젊은 상속자가 늘어난 것도 있고, 꼭 돈 많은 젊은층이 아니어도 각종 할인 혜택도 늘고 있으니까.

김: 직장에 소속되지 않고 프리랜서를 하거나, 아껴서 저금하고 집을 장만하기보다 그냥 인조이하는 데 돈을 쓰는 젊은층 라이프 스타일의 변화도 이유가 될 겁니다. 워라밸을 소중히 생각하고 요즘 젊은층은 오히려 비싼 외제차 많이 몰잖습니까. 하하하.

황: 여성의 경우 예전에는 이른바 나가요 언니들이 많이 친다고 하는데 요즘은 그렇지도 않은 것 같더라고요.

이: 부부 단위나 여성들만 오는 경우가 늘고 있지요. 작가님도 책에서 다루셨지만 여성 골퍼들이 앞으로는 정말 중요합니다. 시장의 절반이니까요. 지금은 17% 정도죠.

황: 2009년인가 죽기 전에 꼭 가봐야 할 골프 명소로 〈골프 다이제스트〉가 스카이72 드림골프 레인지를 꼽았는데 지금 거기 이용자는 어떤가요? 늘고 있나요?

이: 숫자로 큰 변화는 없습니다. 오는 분들 구성이 좀 바뀌었지요. 여성과 젊은층이 확실히 늘었어요. 우리나라 프로골퍼들 성적이 좋아지면 그것에도 영향을 받지요.

황: 김 교수님. 앞으로 골프산업은 어떻게 될까요?

김: 아놀드 토인비 박사 말대로 역사는 늘 도전과 응전이겠지요. 지금 골프장이 500개 이상 만들어지면서 개별 골프장 수익이 줄고 일부 골프장은 파산 신청을 한다지만 이것은 살아 있는 생태계의 활발한 적응 과정이라고 봐야 돼요. 당장 퍼블릭으로 전환하는 골프장이 늘고 있잖아요. 외국에는 스피드 골프, 대안 골프가 생겨나고 있고요. 골프장의 패러다임이 바뀌고 있는 거지요. 퍼블릭이 되면 다양한 고객 요구에 더 빠르게 대응할 수 있거든요.

양: 남성 중심 회원제는 시장 대응에 좀 어렵지요. 우리나라 골프장이 호화스러운 것은 좀 유별나요. 딴짓하면 골프장은 망해요. 한국의

대단한 아줌마들만 꽉 잡으면 돼요. 세계적으로 유별난 분들입니다. (웃음)

황: 하긴 편의점을 봐도 지금 4만 개가 넘어서 인구당 숫자로는 편의점의 나라라는 일본을 넘어섰어요. 개별 편의점은 수익이 줄고 있다지만 오히려 그 때문에 편의점 서비스가 다양해져서 다양한 즉석식품뿐만 아니라 카페테리아 같은 분위기에 택배, 심지어 카셰어링 서비스에 아예 2층으로 만들어 토즈 류의 회의장 서비스까지 하니까요. 도전과 응전 맞아요.

김: 말이 나왔으니까 말인데 저는 골프장 전경이 너무 좋아요. 거기서 커피나 차를 마시면서 골프장 전경을 조망하면 멋있을 것 같단 말이죠. 스카이72는 바다로 지는 노을이 정말 아름답지요. 그린과 바다를 꽉 채워 물들이니까 말이죠. 또한 골프장이 끝난 저녁이나 비 오는 날, 눈 오는 날 클럽하우스와 그늘집, 그리고 골프대회 때 만든 언론·VIP용 관람석을 이용하면 새로운 시장 기회가 열리지 않을까요? 비용 분석을 해봐야겠지만….

황: 오, 나도 그런 생각 해봤었어요. 골프장은 우리 사회의 자산이란 개념을 적용하면 할 수도 있죠. 사진도 잘 나올 테니 인생샷 코스로 홍보해도 많이 올 것 같습니다. 드론을 날려 찍을 수도 있을 겁니다. 물론 유료로 해야겠지요? 아무래도 관리비와 인건비가 추가로 발생하니까.

양: 그러면 골프 인구도 늘겠네요. 보면 욕망이 생기니까요.

스카이72 골프장 이야기

황: 그럼 이제 골프장 패러다임을 바꾼 스카이72 이야기 해볼까요? 일단 이 골프장은 2020년까지 계약되어 있는 걸로 알고 있는데 그 뒤는 어떻게 되는 겁니까?

이: 아직 모릅니다. 양 프로님이 보기엔 어떤가요?

양: 연습장 포함 한 해 이용자가 80만 명이고 스카이72가 잘 운영을 해온 데다가 지역사회에 공헌한 것이 많은데… 인생 누가 알겠습니까. 하하하.

이: 쑥스럽습니다. 더 잘해야지요.

황: 컬처코드 개념 아시죠? 일반 골퍼들에게 스카이72의 컬처코드는 뭘까요? 한마디로.

김: 오션 코스는 LPGA 체험과 도전.

이: 해방.

양: 사랑방.

황: 그럼 이른바 다른 회원제 골프장은요?

김: 전시장.

이: 사교.

양: 비밀의 가든. 골프는 대중과 함께해야 하는데… 쩝.

황: 감사합니다. 컬처코드는 중요합니다. 확실히 스카이72는 다른 회원제와는 코드가 다른 것 같습니다. 코드가 다르면 전략도 달라지겠죠?

이: 그래서 늘 새로운 퍼포먼스를 하려고 합니다. 그동안 너무 많이 했더니 이제 아이디어가 고갈된 상태인데 아이디어 좀 주시죠.

김: 아이쿠, 누가 감히 스카이72한테 아이디어를….

이: 아니, 우리는 시리어스(Serious)합니다. 뭔가 병목에 걸린 기분이 들어요.

황: 축제 개념을 적용해 보시죠. 축제의 코드도 해방이니까 어울릴 것 같습니다.

양: 축제요?

2017 아시안 골프 먼슬리 어워드 대한민국 최고의 골프 코스 부문-오션 코스

황: 양평 리버마켓이란 데를 가면 격주 토요일 장터가 열리는데 장터지만 축제 같아요. 매상도 꽤 난다고 하더라고요. 분기 중 하루를 잡아서 아주 재미난 골프 룰을 적용해보는 거죠. 이를테면 골프 클럽은 5개로 제한하고 드라이버는 못 쓰게 한다든지. 그리고 음료는 무료 제공하고 지역사회에서 와서 스타트 광장과 그늘집 등 군데군데서 디자인·먹거리 장터를 여는 거죠. 축제의 골프.

김: 그거 파격인데요. 시험적으로 오션 코스에 해보면 좋겠군요. 거기는 코드가 도전이고 해방이니까.

이: 홍보 효과도 크겠네요. 이미지가 싸구려 되지는 않을까요?

양: 기존 골퍼들이 수준이 있는 분들이라 그러지는 않을 겁니다.

황: 오늘 재미있는 아이디어가 두 개 나왔어요. 카페 등으로 탄력적 개방 그리고 축제 개념 적용.

김: 그 둘은 다 "골프에서 펀을 찾아라."에 부합하고 CCM 비전인 '세상에서 가장 사랑받는 골프장'과 3대 분야인 친환경, 나눔, 문화 혁신에도 맞는 것 같습니다.

이: 그런가요? 그런데 겁나는데요.

황: 에이, 붕어빵도 준 스카이72인데. (일동 웃음) 그런데 하나 당부하고 싶은 것은 스카이72 류를 잊어서는 안 된다는 거죠. 사람들이 말하지는 않지만 스카이72 하면 기대하는 게 있어요. 새롭게 변화한다고 이게 바뀌면 위험하지요. 실제로 변화 2기에서 위기를 겪는 회사가 많아요. 물론 초기에는 혁신적인 기업들이었죠. 혁신만

추구한 결과예요. 고객은 혁신 자체에 관심 없습니다. 고객 가치에만 관심 있습니다. 이걸 잊으면 안 됩니다.

책에 대해서

김: 스카이72 책을 쓰셨는데 기분이 어떠세요?

황: 사실 제가 이 골프장을 처음 접하고 시를 써서 보낸 것이 2007년 무렵입니다. 그리고 계속 인연을 맺으면서 꼭 책을 쓰고 싶었습니다. 사실 다른 경영학 교수님이 써주셨으면 했는데 결국 제가 하게 되었네요. 스카이72처럼 좋은 것은 한국 마케팅 사회부터 공유해야 합니다. 그런 마음으로 썼습니다. 한국의 자산 공유!

양: 다른 골프장이나 프로골프 지망생, 연습장 운영자한테도 큰 도움이 될 겁니다. 그런데 골프를 안 치는 사람도 읽을까요? 그럼 대박인데. 시장을 넓혀야 됩니다. 골프, 너무 멋진 운동이죠. 사회 일진들이 치는 운동이고, 치면서 일진이 되는 게 골프입니다.

황: 이 책은 골프에 대한 이야기가 아니라 공간 운영 전략과 서비스 차별화에 대한 거니까 골퍼가 아니라도 스스로의 경영에 도움이 되게 썼습니다.

김: 그래서인지 다른 기업 사례나 트렌드가 많이 인용되더라고요. 아마 국내에서 이런 책은 처음 아닐까요? 저도 한번 써보고 싶었는데 선수를 놓쳤어요. 하하하.

황: 스카이72를 대상으로 썼으니까 늘 처음이어야지요. (웃음) 많은 도

움을 준 이 실장님과 김유진 팀장, 스카이72 경영진에게 감사 말씀 드립니다. 그리고 다양한 사연을 보내준 직원, 캐디님과 인터뷰에 참여해주신 고객 골퍼님들도요. 덕분에 최경주 프로하고 인터뷰도 했네요.

김: 라운드도 해보시지 그랬어요?

황: 그런 것은 바라지 않습니다. 대신 저는 이제 책을 팔아야 하니 나중에 최경주 씨가 책 사인회를 해주면 좋겠네요. 국제대회 때는 참가 프로들이 사인해서 팔고요. 하하하.

김: 역시 마케터 출신 작가라 생각하는 게 벌써 세일즈 프로모션이네요.(웃음)

황: 그럼요. 다니엘 핑크가 말한 것처럼 '파는 것이 인간이다'이니까요. 좋은 것은 나눠야 합니다. 스카이72는 혁신, 유머, 감동 같은 이 시대와 미래의 키워드가 다 융해된 그런 곳입니다. 그걸 알리지 않는 것은 마케터의 직무 유기입니다.

양: 다른 골프장에서도 봤으면 좋겠습니다. 저도 제 레슨 과정에서 홍보하지요.

김: 저는 이 책 중에서 조이 오픈 장에 눈이 갔습니다. 스카이72야 워낙 잘하는 데인데 이제 한국 골프가 세계 골프산업, 특히 부상하는 아시아 시장에서 무엇을 해야 하는지 공론장이 필요합니다. 그리고 퍼블릭 골프장의 전 세계 모델이 되어야 하고요

황: 김 교수님 눈이야 늘 세계를 향하니까 이번에 3대3 길거리 농구도

부활시키고 올림픽 종목도 되고 회장이 되어서 바쁘신데 그렇더라도 골프에 더 애정을 가지셔서 골프장 코드에 새로운 것을 접목할 때가 되었습니다. 한류 골프장 말이죠. 하하.

김: 책에서 아이디어 낸 것도 좋지만 거기서 행동으로 옮겨 좀 더 넓혀야 해요. 골프장은 정말 엄청난 공간이죠.

캐디들과 진상 고객에 대해서

황: 기왕 캐디 얘기 나온 김에 좀 더 해볼까요? 사실 캐디는 위기의 직종이기도 합니다. 보이스 캐디는 이미 나왔고 요즘은 AI 캐디, 모 기업에서는 아예 플랫폼형 캐디(기사에 따르면 '헬로 캐디')를 개발해서 연내 상용화한다고 하더군요. 이것은 캐디피가 비싸다는 인식과 반대로 캐디들이 그만큼 역할을 못한다는 인식에서 나왔을 텐데. 반면에 캐디들의 감정 노동도 심하고 미투, 갑질 등도 아직 꺼지지 않은 이슈입니다. 골프장도 기본적으로 서비스 산업이니 캐디들 위기 의식이나 애환이 많을 것 같습니다. 양싸부님은 수많은 골퍼들을 가르쳤으니 그런 내용 많이 아실 텐데 한 말씀 해주시죠.

양: AI 캐디는 불가피하겠죠. 스크린 골프장도 만든 한국인데 그걸 안 하겠습니까? 그런데 아직은 먼 얘기 같습니다. 한국 캐디들 경쟁력은 세계적이니까요. 캐디들은 인간적 고통이 사실 많죠. 고객들이 다 방귀 깨나 뀐다는 분들이잖아요. 안하무인 반말을 한다거나

240

클럽 잘못 쳤다거나 라이, 거리를 틀리게 말해줬다고 괜히 화를 내고, 일부 아저씨는 캐디들 몸을 은근슬쩍 만진다든지.

이: 사실 그런 진상 고객이 없는 것은 아니지만 좋은 고객이 훨씬 더 많습니다.

김: 실장님은 그렇게 말하지만 당사자들은 불쾌했던 기억이 더 가슴에 각인되지 않을까요? 젊은 여자들이고 을이고 이중으로 약자잖아요.

이: 거꾸로 생각할 수도 있어요. 이분들(주말 골퍼)은 마음의 위로가 필요한 사람이다. 그걸 내가 어루만져줘야 한다. 그리고 나는 을이 아니라 당당한 1인 사업자, 프리랜서이다. 이렇게요. 그래야 캐디들 경쟁력이 생겨나고 AI도 보완재가 됩니다. 사람 마음을 만지는 건 기계가 할 수 없습니다.

황: 미국의 고급 백화점 M에서는 종업원이 고객한테 늘 무시당한다고 해서 불만이 많았답니다. 그래서 경영진이 머리를 썼는데 종업원들에게 연극을 가르치기로 합니다. 그러면서 당신들은 지금 고객에 대해서 연극을 하고 있는 거고 그들도 연극하는 거다, 이렇게 믿게 했답니다. 그랬더니 종업원이 더 친절해지면서도 마음의 상처를 안 받고 고객도 종업원이 갑자기 친절해졌다고 만족도가 올라갔다는군요. 이 실장님 말씀을 들으니 갑자기 그 백화점 생각이 나서. 하하하. 이건 과거에 들었던 이야기인데 스카이72하고 중부지역의 한 골프장 두 군데서 확인한 겁니다. 혹시 직업별로 어떤

직종이 진상이 더 많은가 물었더니 속칭 사(事, 士) 자 들어가는 직군이 많다고 하더라고요. 교수, 의사, 변호사, 판사와 같은 직군 말이죠. 거기다가 캐디피도 아주 짜게 준다고. 나이들면 입 닫고 지갑 잘 열라고 했는데 반대인 거지요. (일동 웃음)

김: 전 아닙니다. 요즘 그랬다가는 큰일 나요.

양: 아무래도 권위 의식이 있으니까요. 그러면 안 되는데….

황: 전에 모 카드회사는 반말, 욕설, 하던 말 또 하고 또 하는 그런 진상 고객은 응대하지 않아도 좋다고 매뉴얼에 명기해서 사회적으로 호평을 받은 적이 있는데 스카이72에서는 어떻게 하나요?

이: 우리 회사도 가능하면 그런 원칙을 정해 실천합니다. 그런 분은 다음 부킹에서 제약을 받고요. 캐디가 정당한 사유를 말하면 인정해 줍니다.

김: 제가 좀 기분 나쁠 수도 있는 지적 하나 할까요?

이: 무슨?

김: 고객 만족도 조사를 보면 캐디 서비스가 4위, 80점으로 나오는데 이걸 더 올릴 수 없을까요? 서비스는 결국 사람에 의해 좌우되는 거니까요. 그렇게 감동적인 에피소드가 많은데 4위라는 것은 뭔가 지금 캐디 서비스가 전만 못한 것은 아닌가 싶습니다만.

양: 지금 다른 골프장 캐디들도 매우 친절해져서 그런 건 아닐까 싶습니다만. 고객 눈높이가 올라간 거지요. 그리고 지금도 골퍼들은 120,000원+알파 캐디피가 비싸다고 생각해서….

242

김: 그래도 스카이72 캐디들이 다른 골프장 캐디들보다 준비하는 물품만 해도 두 배고 골프장 들어오고 나갈 때 핸드폰에 문자도 날리는 남다른 노력을 하는 거에 비하면 약한 평가 같아서요. 늘 노력하는 레스토랑 서비스도 대체로 만족스럽기는 하지만 요즘 일부는 좀 개선할 게 있는 것도 같고요.

이: 지적 감사하고 그 부분은 캐디 분들하고 상의를 해보겠습니다. 그 분들은 독립사업자로 상호 파트너 관계이니까요.

황: 그럼 좌담은 여기서 마칠 건데 혹시 양싸부님, 골퍼들을 위해서 촌철살인 한 말씀해주실 게 있으면?

양: 골프. 골프장. 골프 스코어 모두에는 캐디가 어떻게 돕느냐에 따라 천국과 지옥으로 나뉩니다. 특히 내기 골프에서 캐디는 보이지 않는 손이지요.

황: 김 교수님은 워낙 활동력이 많으신 분이고 스포츠 산업 전체를 넓게 보니까 골프장을 운영하는 경영진에 대해서 조언 한마디 해주신다면?

김: 스카이72의 특징은 고객과 함께 살아 움직인다는 것입니다. 특히 감성의 역량으로 고객을 감동시키고 질적인 성취를 통해 퍼블릭 골프장의 확실한 성공 모델이 된 것 같습니다. 이제는 마켓 3.0처럼 모두가 win-win-win 할 수 있는 환경을 통해 더욱 성장하고 발전했으면 합니다. 그리고 김영재 대표만의 노하우가 이곳을 지탱했음을 모두가 알아 다음 계약에서도 반드시 좋은 결과가 있었

으면 합니다.

황: 그럼 여기서 좌담 마치도록 하겠습니다. 모두 감사합니다. (일동 인
사)

골프 리더가 되는
골프장 상식

초보들은 골프 치는 법만 신경 쓰는데 골프를 즐기려면 골프장의 자연적, 인위적 구성 요소와 운영 등을 알아야 합니다. 아는 만큼 보이고 보이는 만큼 즐길 수 있습니다. 그래서 골퍼들이 궁금해하는 내용을 기술합니다.

코스 설계의 포인트

붕어빵의 핵심이 팥이듯이 코스는 골프장의 팥과 같은 것입니다. 골프는 흔히 동반자와의 경쟁이 아니라 코스와의 싸움이라고 합니다. 골프는 다른 경기와 달리 죽어 있는 볼을 살려내는 것입니다. 살리는 데는 코스가 결정적인 역할을 합니다. 자신이 아무리 잘 쳐도 코스가 받아주지 않으면 낭패를 보기 십상입니다. 그래서 코스 설계자의 의도와 특성을 잘 파악하는 것이 스코어를 줄이는 지름길인데 그것을 놓치면 이른바 '설계자의 저주'에 빠지게 됩니다. 그렇게 보면 장타가 꼭 유리한 게 아니죠. "60대가 30대를 이길 수 있는 스포츠가 골프"라는 격언도 여기서 나오는 겁니다. 골프는 두뇌 게임, 전략 게임입니다. 코스를 보면서 공략을 하면 코스 설계자와의 지적 대화를 즐길 수 있습니다.

코스는 우선 지형 그대로를 토대로 설계하는 것이 기본입니다. 골프의 발상지인 스코틀랜드 골프장이 특히 그렇습니다. 좋은 설계는 파는 쉽게 허락하지 않고 보기는 쉽게 할 수 있도록 하여 상벌을 확실하게 하는 것입니다. 또한 골퍼가 모든 기술을 사용하고 싶도록 전략적 요소를 고루 배치하고, 라운드하며 재미와 보람을 느끼고 궁극적으로 자연과 융화할 수 있게 하는 설계입니다. 이를 더 구체적으로 보면,

- 주위의 지형지물과 잘 조화되면서도 특징 있는 홀로 조성하고
- 방위, 풍향을 고려하고
- 홀 간 간섭을 없애 경기자의 안전과 편안함을 도모하고
- 난이도가 각각 다른 홀을 균형 있게 조합하여 리듬감을 주고
- 블라인드 홀은 가능한 한 피하게 설계한

코스가 좋은 코스입니다.

하늘 코스 2번 홀 전경

코스의 피부, 잔디

잔디 없는 공원, 잔디 없는 경기장은 위험하고 삭막하겠죠? 잔디의 효용
은 그 외도 많습니다. 점점 더 커질 겁니다. 그래서 인간은 끊임없이 잔디
를 개량해왔으며 더욱 광범위하게 사용하고 있습니다.

우선 자연을 보호하는 기능으로는 토양 안정화, 토양 침식 억제, 먼지
발생 완화, 소음 흡수, 반사광 흡수, 국토 녹화 등이 있습니다. 축구, 야구,
미식축구, 골프 등의 경기 측면에서는 참여자에게 완충 효과를 주어서 부
상을 완화해주고, 관중에게는 녹색 배경이 되어 선수들의 움직임을 보다
선명하게 보게 해주면서 눈의 피로를 풀어줍니다. 관상 효과로는 조경의
미적 요소를 향상시켜줍니다.

잔디 종류로는 잔디 생육 반응온도에 따라 한지(寒地)형 잔디, 난지(暖
地)형 잔디로 나눕니다. 한지형 잔디는 생육 최적온도가 15~24도로 켄
터키블루그라스, 벤트그라스, 페스큐 류, 라이 그라스 등이 있으며 원산
지는 대부분 유럽입니다. 난지형 잔디는 생육 최적온도가 26~35도로
원산지는 대부분 아프리카, 남미, 아시아 등이며 버뮤다그라스, 한국잔
디 등이 이에 속합니다. 스카이72에는 잔디위원회(Course Committee)
가 있습니다. 그들이 하는 일은 코스 관계자, 운영 관계자와 함께 스카
이72 전체 코스 컨디션을 점검하고 토론하고 분석, 개선하는 것입니다.
'turf(잔디, 펫장) talk' 그룹웨어 내 게시판을 운영하여 정보를 공유하기
도 합니다.

잔디는 매우 중요합니다. 골프장은 면적이 너무 넓어 골프장 코스 운

영자들 힘만으로는 부칩니다. 그래서 골프를 진정 사랑하는 골퍼들의 적극적인 협조가 필수입니다. 골퍼가 할 수 있는 잔디 관리 방법은 많습니다. 티잉 그라운드에 한 명만 올라가기, 디봇 즉시 메우기, 그린 보행 시 골프화 자국 최소화, 수리 지역 준수, 투 볼 플레이(볼을 몰래 두 번 치는 것) 자제, 연습 스윙 시 뗏장 뜨기 자제, 담배꽁초나 쓰레기 버리지 않기 등이 있는데 이들만 제대로 해줘도 베스트 매너 골퍼라고 할 수 있습니다. 스카이72는 이런 선행을 하는 골퍼는 캐디가 기록하여 다음 부킹에 도움을 준다고 합니다. 잔디는 코스의 피부이며, 또한 골퍼의 수준을 드러내는 바로미터이기도 합니다.

해저드

산업안전대사전에 따르면 해저드(hazard. 위험)는 특정한 사고로 손해의 가능성을 창조하거나 증가시키는 상태를 말합니다. 물리적, 도덕적 해저드가 있고, 또한 부주의, 무관심, 사기 저하, 풍기 문란 등의 인적(morale) 해저드가 있다고 합니다. 골프에도 수많은 해저드가 있습니다. 골프는 인생의 축소판이고 인생은 늘 해저드와의 싸움이니까 골프에 없을 리 없습니다.

먼저 물리적 해저드로만 보면 코스의 난이도를 높이기 위해 벙커, 바다, 연못, 나무, 수풀 등 자연 장애물로 조성하여 구분해놓은 지역이 해저드입니다. 워터 해저드는 워터 해저드, 래터럴 워터 해저드 2종류가 있습니다. 워터 해저드는 노란 말뚝(선)으로 표시하며 벌타 없이 해저드 안에서 치거나, 1벌타 후 종전에 쳤던 지점에서 치거나, 볼이 최후로 해저드 경계선을 넘어간 지점과 홀을 연결한 임의의 직선상으로서 거리 제한 없이 해저드 후방선상에 드롭하고 칠 수 있습니다. 홀과 평행선상에 있는 래터럴 워터 해저드는 빨간 말뚝(선)으로 표시하는데 워터 해저드 처리 방법 외 볼이 최후로 해저드 경계선을 넘어간 곳에서 홀에 가깝지 않은 지점으로 두 클럽 길이 내에 드롭하거나, 해저드 건너편 등(等)거리에서 두 클럽 길이 내에 드롭하고 칠 수 있습니다.

보통 골프에서는 이 정도로만 해저드를 말하지만, 위의 산업안전대사전의 정의와 분류에 따라 골프에서의 해저드 의미를 다시 음미해볼 필요가 있습니다. 혹시 자신이 다른 골퍼에게 해저드 자체는 아닌지, 내 말과 행동이 동반자의 스윙과 기분에 해저드가 되고 있는 건 아닌지 말입니다. 나아가 캐디, 골프장 등에 해저드가 되고 있는 것은 아닌지. 이게 바로 인적(moral, morale) 해저드입니다.

벙커

벙커(bunker)는 ①군인들의 벙커 ②배나 집 밖에 있는 석탄 저장고 ③골프 코스에서 모래가 쌓여 있는 벙커 등을 뜻합니다. 세 번째 의미로 미국에서는 샌드 트랩(Sand trap)이라고도 부릅니다. 또한 은유적으로는 직장 등에서 자신들을 힘들게 하는 부장을 '벙커'라고 부르기도 합니다.

벙커는 해저드의 일종이므로 달가울 리 없습니다. 골프에서 벙커는 홀 내의 페어웨이나 그린 주변 등에 설치된 인공 장애물로 해저드의 역할

뿐만 아니라 홀의 생동감을 부여하는 액센트 요소(벙커를 탈출하는 것은 판단력, 절제력, 예술적 스윙이 관전 포인트)입니다.

위치 및 형태에 따라 다양한 종류가 있지만 그린 주변에 있는 그린사이드 벙커, 페어웨이 곳곳에 있는 페어웨이 벙커, 모래 대신 러프로 된 그라스 벙커, 클럽을 지면에 댈 수 있는 웨이스트(Waste) 벙커, 벙커를 무더기로 모아놓은 클러스터 벙커(스카이72 듄스 8번), 벽돌을 직각으로 쌓아올린 형태의 리버티드(Reverted) 벙커, 항아리같이 좁고 둥글고 깊은 포트(Port) 벙커 등이 있습니다. 디 오픈의 항아리 벙커는 아주 치명적이죠. 그래서 디 오픈 챔피언이 더 대단하게 보입니다. 벙커에 취약한 분들은 이렇게 생각하십시오. 벙커는 기피 대상이 아니라 아트 골프의 완성이라고. 모험이 아트 인생의 완성인 것처럼.

인·아웃 코스, 1~2부제 운영, 티오프 간격

인코스·아웃코스 운영, 1부, 2부, 3부, 4부제 운영, 티오프 시간 간격의 목적은 무엇보다 효율적인 티타임 운영입니다.

표를 참고하시면 골프장이 오전 7시부터 12시까지 10분 간격으로 운영한다고 가정했을 때 원 웨이 진행(1번 홀부터 순차 출발하여 18홀을 마지막 라운드)을 할 경우에는 총 36팀을 받을 수 있습니다. 1번 홀과 10번 홀 두 군데에서 각자 플레이 후 9번과 18번 홀에서 마치는 투 웨이 진행의 경우에는 동일한 시간에 48팀을 운영할 수가 있습니다. 1부의 1번, 10번 홀 마지막 팀이 반대 코스로 넘어가고, 2부 첫 팀이 그 뒤로 바로 붙

원 웨이, 투 웨이 운영 샘플

구분	one way 운영	two way 운영		비고
		1번 홀(아웃)	10번 홀(인)	
07	00,10,20,30,40,50	00,10,20,30,40,50	00,10,20,30,40,50	1부
08	00,10,20,30,40,50	00,10,20,30,40,50	00,10,20,30,40,50	
09	00,10,20,30,40,50			
10	00,10,20,30,40,50			
11	00,10,20,30,40,50	00,10,20,30,40,50	00,10,20,30,40,50	2부
12	00,10,20,30,40,50	00,10,20,30,40,50	00,10,20,30,40,50	
합계	36팀	24팀	24팀	48팀

는데 필요한 시간(9홀 플레이 시간+휴식 시간) 2시간 이상의 블랭크가 발생해도 효율적인 측면에서 33%가 높습니다. 그래서 자연적으로 아웃코스, 인코스 진행과 1부제, 2부제 운영이 나오게 되었습니다. 다만 클럽하우스에서 나간다고 해서 아웃코스, 18번 홀에서 들어온다고 해서 인코스로 표기하는데 이것은 한국과 일본에만 있는 용어로 정식 용어가 아니며 '1st 티잉 그라운드', '10th 티잉 그라운드'로 변경해야 합니다.

골프장 티오프 간격 또한 골프장의 수입과 직결되기 때문에 팀 수를 최대한 늘리는 데 급급한 것이 사실입니다. 때문에 일부 골프장은 6분 티오프 간격을 운영(이러면 초보들은 숨 넘어 갑니다-필자)하고, 일부 고가 회원제 골프장은 10~15분 간격 티오프 운영을 합니다. 그러나 대부분은 7~8분 간격을 운영하고 있습니다. 2시간 운영 시간 기준 10분 티오프 간격일 경우 12팀, 6분 티오프 간격일 경우에는 20팀을 운영할 수 있습니다. 하지만 6분 간격이라면 4인 플레이에서 단 한 명도 실수 없이 티샷하고, 세컨드 샷까지 완벽하게 이루어져야 6분 뒤 다음 팀 티샷 시 안전하게 세컨드 지점을 벗어날 수 있습니다. 따라서 플레이어의 안전과 영업 효율을 위해 7~8분 티오프 운영이 주를 이루고 있습니다.

또한 적정 홀별 플레이 시간은 par3홀 10~12분, par4홀 12~15분, par5홀 15~20분으로 9홀 플레이 시간 기준 2시간 내외입니다. 따라서 홀 간 이동 시간과 중간 휴식 시간을 감안하여 2시간 20분을 각 부(1부 또는 2부)의 기준 운영 시간으로 하여 7분 티오프 간격으로 21팀(인·아웃 운영 시 42팀)이 운영되며 9홀 플레이 시간 2시간을 제외한 20분 동안에 3팀 정도는 9홀 플레이 후 휴식 시간을 가질 수 있습니다.

한국에서 일반적으로 쓰는 골프 용어·일본식 용어→원래 영어 표현 용어

- tee up time → tee-off time
- 홀컵 → 홀 또는 컵
- 오비 → out of bounds로 s를 꼭 붙여야 하고 OB나 O.B.로 표기 bounds는 '경계'의 뜻
- 오케이 → 컨시드(Concede. 인정한다는 뜻)

- 라이 → 라인
- 티 박스 → 티잉 그라운드
- 오너(Owner. 전 홀 최저타 골퍼) → 아너(Honor. 최저타 골퍼를 존중한다는 의미)
- 핸디 → 핸디캡
- 포어(Fore): 앞쪽의 플레이어나 코스의 인부 등에게 지금 볼이 날아간다고 알리기 위해 외치는 신호. 우리말로 하면 "앞에 (조심)" 정도인데 한국에서는 "볼!" 하고 외침. 원래 스코틀랜드에서 귀족들은 두 종류의 캐디를 썼는데 볼이 떨어진 위치를 알리기 위해 앞에 나간 캐디를 Forecaddie로 불렀는데 볼이 날아가면 볼 조심하라고 "포어"라고 외치는 데서 비롯됨. "포어"라고 하면 한국에서는 못 알아들으니 그냥 볼이라고 외칠 것
- 라운딩 → 라운드, 라운딩(Rounding)은 각진 곳을 둥글게 한다는 뜻
- 레이아웃 → 레이업(lay-up. 앞에 해저드 등 예상되는 위험을 피하려고 페어웨이 샷이나 어프로치 샷 등으로 안정적 샷을 치는 것). 레이아웃은 골프장 코스 설계라는 뜻

일본식 골프 용어

- 몰간 → 멀리건(사람 이름에서 유래)
- 숏 홀, 미들 홀, 롱 홀 → 파3홀, 파4홀, 파5홀
- 싱글 플레이어 → 싱글 디지트 핸디캡퍼(Single digit handicapper)

가 올바른 표현, 영어권 국가에서 "싱글 플레이어"는 독신자 골퍼

- 포대그린 → 엘리베이티드 그린(Elevated green)

- 쪼로 → 토핑(Topping)

- 덴뿌라 (높이 뜬 볼) → 스카잉(Skying)

- 스크라치 → 스크래치(Scratch)

- 싸인(파3홀에서 뒤 팀에게 치라는 신호) → 웨이브(Wave. 뒤 팀에게 치라는 손짓)

그 외 빠따(Putter), 빵카(Bunker), 가라 스윙(연습 스윙, 빈 스윙) 등이 있음.

한국을 깬 골프장, SKY72 이야기

부록

최경주 프로의 전언

필자는 한국 남자 프로골프의 자존심이며 뚝심이며 스카이72 후원 골퍼인 최경주 프로와 메일 인터뷰(해외를 도는 일정이 많아서 국내 인터뷰가 어려움)를 진행했는데 내용은 다음과 같습니다. 아마추어 골퍼들이 실력 향상을 위해 궁금해할 것 같은 부분과 해외에서 스카이72를 어떻게 보고 있는지 현장에서 뛰는 선수에게 직접 듣기 위함입니다.

최 프로의 가장 영광스러운 와우! 기록과 최근 우승

- 2004년 마스터스에서 전반 9개 홀 최저타 수립 (마스터즈 개최지인 오거스타 내셔널에서 호주 출신 그렉 노먼이 세운 30타와 타이 기록으로 현재까지도 역대 최저 기록)
- 2011년 플레이어스 챔피언십 우승 (PGA투어 통산 8번째 우승)

최경주 프로

스윙 임팩트 올리는 연습 방법은 무엇이 있나요?

타이어 치기, 스피드 스틱을 이용한 훈련, 클럽을 거꾸로 잡고 스윙하기 등 여러 가지가 있습니다. 이들은 스피드를 증가시키기 위한 집중 훈련 방법으로 스윙의 밸런스를 돕고 골퍼들의 자신감으로 이어지기 때문에 매우 중요합니다. 또한 방향성 향상에 있어서도 꼭 필요한 훈련입니다. 프로들은 밴드를 이용하여 스피드를 향상하는 훈련도 하는데 이는 힙 턴(Hip Turn)을 통해서 근력 강화 및 유연성 향상에 도움이 됩니다.

최 프로님은 특히 벙커샷이 일품인데 멋진 벙커샷 요령을 알려주신다면?

많은 아마추어 분들의 클럽 샤프트가 가벼운 경향이 있습니다. 클럽 샤프트가 가벼우면 클럽헤드가 모래의 무게를 견디지 못해 파묻히면서 걸어 치는 현상이 발생합니다. 그러니 샤프트 무게를 최소 110그램 정도로 교체하기를 권장합니다. (추천하는 샤프트: 다이나믹 골드 샤프트, 프로 선수들이 많이 사용) 또한 스윙 웨이트(헤드 무게)가 가벼우면 모래를 타격하기 어렵습니다. 최소 스윙 웨이트가 D2 이상이 되어야 합니다.

그리고 그린 벙커에서 볼을 칠 때는 (모래 경도에 따라 차이는 있지만) 직접 볼을 치는 것이 아니라 볼 2개 정도 후면의 모래를 때려야 합니다. 모래를 걷어 치는 식으로 벙커샷을 하거나, 볼을 직접 치거나(홈런 발생), 혹은 볼 서너 개 정도 후면을 치면 벙커에서의 탈출이 어려워집니다. 스윙 스피드는 7번 아이언을 치듯이 하되, 모래를 강하게 때리는 것이 매우 중요합니다. 스탠스는 오픈하고 헤드 역시 오픈해야 합니다.

스카이72 코스만의 매력이 있다면?

골프 코스는 디자인, 코스 관리, 난이도 이 세 가지 요소가 매우 중요한데 스카이72는 이러한 요소를 훌륭하게 갖춘 드문 코스죠. 그중에서도 탁월한 코스 관리는 골퍼들 라운드에 큰 즐거움을 선사합니다. 그리고 여름에 아이스크림, 겨울에 청주와 어묵, 붕어빵을 제공하는 서비스는 해외에서 전혀 찾아볼 수 없는 고객 중심의 따뜻하고도 특별한 서비스입니다. 그래서 스카이72는 늘 다시 방문하고 싶은 감동을 줍니다.

외국 프로골퍼들이 한국에서 꼽는 명문 골프장은?

저는 개인적으로 오션 코스를 좋아하는데요, 해외 프로골퍼들 사이에서는 송도 잭니클라우스 GC, 제주도 나인브릿지 CC, 그리고 스카이72 오션 코스가 한국의 명문 골프 코스로 많이 알려져 있습니다.

끝으로 '최경주 재단'에 대한 소개 부탁드리며, 재단의 비전은 무엇인지?

재단은

"우리 아이들을 위해,

우리 사는 지역을 위해,

우리 모두의 행복한 미래를 위해 "

라는 모토로 2008년에 설립되었습니다. 대학교 등록금을 지원하는 장학 꿈나무 사업과 글로벌 골프 선수 육성을 목표로 하는 골프 꿈나무 사업을 전개하고 있습니다. 청소년의 꿈과 희망을 위해 새로운 도전의 기회와 다양한 교육을 제공함으로써 이 시대를 이끌어갈 차세대 (골프) 리더를 양성하여 보다 풍성하고 행복한 우리의 미래를 지향합니다. 스카이72 김영재 대표께서도 재단 창립 시부터 이사님으로서 골프 꿈나무들에게 물심양면의 지원을 아끼지 않으셨습니다. 이 지면을 빌어 큰 감사의 말씀을 드립니다.

친환경, 대안 골프, 여성 골퍼 관련 기사 요약

아래 기사들은 책 본문에 녹여내는 것이 자연스럽겠지만 내용 자체가 별
도 테마로 읽어도 좋겠다 싶어 부록으로 뺐습니다. 출처는 골프 전문지
〈골프산업신문〉에 올라온 여러 전문가의 칼럼입니다. 일일이 소개는 못
드리지만 좋은 기사에 감사드립니다.

스피드 골프

영국 골프산업 전문매체 〈더골프 비즈니스〉는 최근 '스피드 골프'를 소
개하며 많은 골프장이 이를 시험하고 있다고 전했다. 스피드 골프는 골퍼
가 클럽을 들고 홀을 뛰어다니며 빠르게 플레이하는 신개념 라운드 방식
으로, 타수와 라운드 완료까지 걸린 시간을 점수로 환산해 승자를 결정한
다. (골프웨어 와이드 앵글이 후원하는 JTBC 골프의 '와이드앵글 익스트림 골

프' 대회 중 일부 홀 경기 내용이 이에 해당함-필자) 기존 골프 라운드는 18홀 라운드에 4시간 내외가 소모됐으며, 이는 지난 20여 년간 골프 참여 인구가 줄어드는 주요 원인으로 지적돼 왔다. 이를 해결하기 위해 영국 체셔 주와 스태퍼드셔 주에서 플레이어들을 초대해 스피드 골프 특별 테스트 세션을 가졌다. 이번 테스트 세션은 잉글랜드골프협회의 후원을 받아 진행됐다. 협회는 스피드 골프에 대해 "빠르고, 재미있고, 육상 버전의 골프로 선수들은 샷 사이를 뛰어다니며 18홀을 80분 이내에 완주할 수 있다"고 설명했다. 이날 테스트 세션에 참가한 브롬보로GC 회원 애런 코브는 "너무 재미있었고, 개인적으로 생각할 시간이 없을 때 더 잘할 수 있었던 것 같다"고 소감을 밝혔다. 또 다른 참가자인 위럴 GC PGA 프로인 션 베일리는 "새로운 형식의 골프를 도입하는 것은 골프장을 위해서도 좋은 일이다. 우리는 골프장에 대한 인식을 개선하고 사람들이 골프에 갖고 있는 고정관념을 깨기 위한 노력을 계속할 것"이라고 말했다.

비관리 지역의 중요성

미국 미시시피 주 모시오크 GC는 홀 간 티박스 인근 및 페어웨이 측면을 따라 약 162,000m²의 비관리 지역(물 주기나 조경 등을 하지 않는 자연 지역. 오션 코스에 가보면 금세 알 수 있다-필자)을 갖고 있다. 자연 서식지 보존에 앞장서고 있는 아웃도어 라이프 스타일 기업 모시오크는 2016 리우올림픽 골프 코스 설계로 유명한 길 핸스(코스 설계가이자 폭스 스포츠 분석가. 포트워스부터 도쿄까지 다양한 지역에서 100대 코스를 완성하고, 리우부터 트럼프 랜드를 가리지 않고 예술적인 작업을 해온 현대 골프 설계의 거장. 1993년 핸스 디자인 그룹 설립-필자) 디자인 그룹과 함께 골퍼를 자연에 더 가깝게 하고자 이 코스를 만들었다. 비관리 지역에는 다양한 식물과 초목이 자리 잡고 있다. 이는 플레이어의 자연 경험과 몰입감을 증대시키고, 지역 특유의 미관과 자연 서식지를 강조하는 데 도움을 주고 있다. 원형을 그대로 살린 코스는 비관리 지역과 함께 미시시피 대초원과 자연스럽게 어울리며 이를 보존하는 역할도 하고 있다. 캔자스 주 프레리듄스 CC는 1937년과 1957년 각각 9홀을 오픈한 오래된 코스이지만 비관리 지역이 늘 함께하고 있다. 200에이커(약 81만㎡)의 코스 부지 중 140에이커(약 56만㎡)가 비관리 지역으로, 코스가 샌드듄스에 조성됐다. 듄스에는 토착식물이 가득하고 대부분의 홀 가장자리에 비관리 지역이 있다. 캘리포니아 주 로스로블레스그린 GC는 30에이커(약 12만㎡) 이상의 관수 잔디를 제거하고, 가뭄 및 해충 저항성이 있는 토착식물로 대체했다. 180만 달러를 들여 지난해 3월 마무리된 이 프로젝트는 최근 수년간 캘리포니아의 극심한 가뭄에 대응하는 차원에서 실시됐다. 이곳 골프 디렉터는 "비관리 지역은 성장 및 조성되는 데 시간이 걸리지만, 일단 자리 잡히면 상대적으로 유지 관리가 거의 필요치 않다"며 "우리는 지속적으로 이 지역을 심미적으로 매력적이게 만들고자 노력할 것"이라고 말했다. 비관리 지역은 심미적 매력도 갖는다. 프레리듄스의 경우 가을이 되면 비관리 지역 토착 잔디는 붉은 갈색을 띠고, 라이그래스 페어웨이는 짙은 녹색을 띠게 돼 가을바람과 함께 아름다운 경관을 연출한다. 비관리 지역이 자리 잡으면 연 20~25%의 물을 절약할 수 있을 것으로 보고 있다. 각 골프장의 고객들도 비관리 지역에 호평을 보내고 있으며, 확대 및 발전을 위한 피드백을 아끼지 않고 있다.

미국 골프장 산업 재도약

미국 골프산업 전문매체들은 골프장 경영과 현황에 대해 두 가지 변화를 지목하고 있다. 하나는 골프장 경영 구조가 바뀌고 있다(골프장 관리자 84%가 '총지배인+COO' 경영 모델 선호)는 것이고, 다른 하나는 중산층 골프장이 사라지고 있다는 것이다. 최근 미국에서 많은 골프장이 빠른 속도로 문을 닫고 있는데, 이러한 골프장 대부분은 저렴한 회원제 또는 중가형 대중제 골프장이다. 미국 각 지역 골프 시장을 살펴보면 지역의 상징이 되는 일류 골프장은 번성하고 있으며, 지자체 설립 운영 골프장과 같이 저렴한 곳도 많은 사람이 찾고 있다. 그런데 중간시장, 즉 중산층 골퍼를 위한 골프장은 사라지고 있는 것이다. 주요 이유로는 경영진 문제로 골프장 관리자들이 시대에 뒤떨어졌거나 리더십의 부재, 미국 중산층 골프장의 투자 여력 감소. 많은 골프장이 전통과 역사에 집착해 요즘 회원들의 니즈를 무시한 경우다.

골프계 트렌드

• 대안 골프의 성장

축구와 골프를 결합시킨 풋 골프는 최근 몇 년 동안 유럽을 중심으로 급속히 성장했다. 현재 200개가 넘는 영국 골프장이 풋 골프를 도입해 매주 7만 명 이상이 즐기고 있다. 최근 영국에서는 럭비와 골프를 융합한 럭비골프도 등장.

- '미스터리 쇼퍼' 활용 증가

  고객 서비스 향상을 위해 미스터리 쇼퍼(고객을 가장해 서비스 등을 평가하는 사람)를 활용하는 골프장이 늘어나고 있다.

- 시니어 골퍼 할인 논쟁
- 골프장의 생태계 보존 노력

  영국 에어셔 지역에는 1980년대 이후 작은 푸른나비가 자취를 감췄으나 환경단체, R&A, 지역 골프장의 공동 노력으로 최근 다시 서식.

- 비즈니스 골프 감소

  사내 행사나 워크숍 등에 골프 등 스포츠 활동을 하는 것이 사업 논의 활성화를 막는 요인으로 지목되고 있는 상황. 시간이 많이 걸리는 골프는 비즈니스에서 자연스럽게 멀어지고 있으며, 레저·스포츠·취미 활동의 영역으로 들어가고 있다.

- 인터넷의 부상

  골퍼들은 온라인으로 골프 코스 리뷰를 보고 동호회 활동도 활발. 골프장들도 온라인 홍보 및 마케팅을 위해 바이럴 마케팅이나 SNS 등 모든 수단을 동원.

- 빠른 그린이 슬로우 플레이 유발
- 올림픽 골프의 성공

남자 골프 금메달을 차지한 저스틴 로즈는 우승 인터뷰를 통해 골프는 엘리트적이지 않고 모든 연령대에 적합한 운동이라는 점을 알렸다.

- 골프장의 크라우드펀딩
- 경쟁 골프장 간 협력

  잉글랜드 더비셔 지역 6개 골프장은 하이피크 골프 개발 그룹을 구성.
- 탄력적 회원제 인기

  현재 영국 골프장의 36%가 탄력적인 회원 정책을 시행.
- 회원 노령화
- 골프장 내 주거 공간 조성 증가
- 슬로우 플레이와의 전쟁 막 올려

  골프 인구 감소의 가장 큰 원인으로 경기 시간을 지목, 경기 속도를 높이는 다양한 논의. 9홀 골프장 증가.
- 나이키, 아디다스 등 메이저 골프 용품업체 일부 사업 철수
- 여성에게 장벽을 허무는 골프

  여성 회원뿐만 아니라 골프 단체 수장이나 골프장 관리자 자리에도 여성 등장 증가.

이상은 영국 골프장관리자협회 발행 GCM(Golf Club Management) 자료임.

여성의 골프 참여를 늘리기 위한 방법들

글로벌 작물보호제 기업 신젠타는 'The Opportunity to Grow Golf: Female Participation'이란 제목의 보고서를 정리했다.

일단 여성이 스포츠를 하는 이유는 기분 전환, 건강 증진, 야외 활동, 별도 연습이 필요 없어서 등이었다. 여성들은 스포츠가 나름 생각할 수 있는 기회를 주고, 스트레스도 해소할 수 있다고 말했다. 여성에게 가족 및 친구와 함께하는 야외 활동은 매력적인 동기부여가 된다. 여성들은 기술을 마스터하거나 정기적인 연습이 필요치 않는 스포츠를 선호하고 있었다. 일부는 워킹과 같은 매우 포괄적인 활동을 좋아했다. 시간이 많이 소요되는 운동은 접근하기 어려워했다. 또 신체적으로 어렵지 않고 빠르고 쉽게 할 수 있는 운동을 좋아하고, 특히 가족과 함께할 수 있는 운동을 매우 하고 싶어 했다. 특히 야외 스포츠의 환경적인 측면도 여성 골퍼의 참여를 유발하는 원동력이다. 이러한 선호에 따라 응답자들이 뽑은 운동은 워킹, 하이킹, 조깅, 테니스, 수영, 체조, 하키, 트라이애슬론, 사이클, 스키, 댄스 등이었다. 이 같은 스포츠를 선호하는 이유를 키워드로 나열하면 '사회적인, 가족(특히 아이)과 함께 즐길 수 있는, 건강 증진, 칼로리 소모, 아드레날린 러시, 사회적 편견이 없는, 돈이 적게 들어가는, 드레스 코드 없는' 등이다.

• 골프를 하지 않는 여성에게 골프는 어떻게 인식돼 있을까?

골프를 하지 않는 여성들은 골프의 인상에 대한 물음에 '느리고 지루

한 게임, 비싸다, 회원권이 필요한, 나이든 남자를 위한, 시간이 걸리는, 팔자가 좋은, 매우 경쟁적인, 초보자는 한없이 난처한, 규칙이 어렵고 복잡한' 운동이라고 답했다. 대부분의 여성이 어떻게 골프를 시작하게 될까? 응답자들은 아이, 파트너, 친구, 아버지, 사회생활 등을 계기로 골프를 시작하게 된다고 답했다. 만약 아이가 골프에 흥미를 갖게 되는 경우 어머니는 아이와 함께 시간을 보내기 위해 골프를 하는 경우가 있었다. 연인과 더 많은 시간을 보내고 싶어 골프를 시작하기도 했다. 반대로 연인과 더 많은 시간을 보내기 위해 골프를 그만둔 경우도 있었다. 골퍼인 친구를 통해 골프를 소개받기도 했으며, 골퍼인 아버지의 영향을 받아 골프를 하게 되기도 했다. 일부 여성 골퍼들은 몸에 무리가 없으면서도 사회생활과 결합할 수 있는 운동을 원해 골프에 입문했다고 답했다.

● 여성에게 골프가 어필하는 부분?

응답자 중 골퍼는 "가족·친구와 시간을 보낼 수 있다, 사회적인 야외활동, 나이에 관계없이 기량 향상이 가능, 스트레스 해소, 친근한 경쟁, 핸디캡에 의한 모든 레벨의 경쟁" 등을 골프의 매력으로 꼽았다. 이들은 골프가 "잘되는 날이나 안 되는 날이나 사교적이고 동반자들과 즐거운 대화를 나눌 수 있다", "내가 나이가 들어서도 즐길 수 있는 유일한 스포츠", "자연환경 속에서 아이와 함께 나이가 들어도 할 수 있는 운동"이라고 말했다.

• 골프를 시작하지 못하는 이유?

응답자들은 골프가 '남성 중심적 스포츠'라는 점을 먼저 꼽았다. 골프가 발생 단계부터 남성을 중심으로 시작됐고, 지금까지도 여성(특히 여성 초보자)을 환영하지 않는다는 인상이 남아 있다. 레슨과 연습이 필요한 것도 단점으로 꼽혔다. 이는 곧 시간과 돈이 필요하다는 의미다. 또 엘리트를 위한 운동이며, 회원권을 갖고 있어야 할 수 있다는 인식도 있었다. 골프장의 무거운 분위기, 클럽 규칙, 에티켓도 여성에게 골프를 어렵게 하는 요소다. 골프장 회원으로 활동해야 하고 비싼 이용료 및 장비도 단점이다. 골프는 날씨에 좌우되는 운동으로 일 년 내내 규칙적으로 할 수 없다는 점도 여성이 골프에 매력을 느끼지 못하는 부분이다. 응답자들은 "무엇을 입어야 하고, 무엇을 해야 하며, 무엇을 하지 말아야 하는지 등 안 되는 제약이 많다", "피트니스나 에어로빅 등에 비해 회원권·장비·의류 등에 들어가는 돈과 노력이 너무 많다", "일정 정도의 숙련도가 있어야 경기를 할 수 있는 운동"이라고 말했다.

• 왜 여성은 골프를 그만둘까?

가장 문제가 되는 것은 역시 비용이었다. 회원권, 연회비, 레슨비, 용품 구입 등 높은 비용으로 인해 골프를 포기하는 여성이 많았다. 시간과 노력이 많이 들어가는 것도 문제다. 18홀 라운드, 연습, 클럽 내 활동 등 다른 스포츠에 비해 여러 자원을 많이 투자해야 한다. 골프를 포기한 여성들 중에는 골프장의 분위기와 부담스러운 규칙, 에티켓, 드레스코드 등을 적응하기 힘들었다고 말하는 경우도 있었다.

• 여성에게 골프장은 위협적인가?

대부분의 이탈 골퍼들은 골프장에서 다른 회원이나 동반자에 의해 위협을 경험했다고 한다. 이는 주로 그들이 초보 시절에 더 수준이 높은 사람과 라운드하면서 자주 겪는다. 비골퍼들도 그들이 처음 라운드를 한다면 숙련자에게 관찰(?)당하고 이로 인해 당황스럽고 위협적인 느낌을 받을 것이라고 말했다. 대부분의 회원제 골퍼들은 골프장에서 위협을 느끼지 않고 다른 회원에 의한 위협도 용납할 수 없다는 생각이다. 그러나 주니어 골퍼의 경우 종종 다른 회원이나 다른 골프장 회원으로부터 위협을 느끼는 경우가 있었다.

• 여성이 더 골프를 즐기게 하려면?

먼저 그들은 골프 경기가 좀 더 유연해야 한다고 보고 있다. 18홀 라운드만 고집할게 아니라 12홀, 9홀, 6홀 등 골퍼에게 더 많은 경기 선택권을 줘야 한다는 것이다. 앞서 언급했듯 여성은 친구와 함께 운동하는 것을 중요시하고 있다. 따라서 골프도 친구와 더 많이 함께할 수 있는 기회를 줄 필요가 있다. 골프장의 분위기, 문화, 규칙, 에티켓 등은 여성에게 위협적인 느낌을 주고 있다.

• 여성 골프 인구를 늘리기 위해 골프장은 무엇을 해야 할까?

먼저 저렴한 비용을 위해 렌탈 시스템을 갖춰야 한다. 골프는 초기 비용이 상당히 들어가기 때문에 이를 줄여주는 것이다. 여성에게 중요한 화장품을 예로 들어보면 새로운 제품을 구입하기 전 증정하는 샘플을 통해 미리 체험해보는 원리다. 저렴한 대여비용으로 우선 골프의 맛을 보게 해야한다. 짧은 라운드 시간도 중요하다. 경기 시간을 줄이고 12홀, 9홀, 6홀 라운드를 권장해야 한다. 여성을 위한 레슨 프로그램을 만들고 여성 레슨 프로가 맡는 것도 좋다. 드레스코드를 완화해 편안한 복장으로 골프를 즐길 수 있게 해야 한다. 회원권과 그린피는 합리적으로 책정하고, 초보자를 위한 티타임을 배정해 신규 골퍼들이 편안하고 위협을 느끼지 않는 라운드를 보장해야 한다. 규칙과 스킬에 대한 레슨이 길어지면 어렵고 딱딱한 느낌을 받을 수 있다. 신속하고 정확한 레슨 프로그램으로 진입 장벽을 낮춘다. 날씨가 비교적 규칙적인 계절에 이용할 수 있는 멤버십을 만드는 것도 좋고, 골프장 내 피트니스 센터를 둬 다양한 스포츠 선택지를 주는 것도 추천한다. 매체의 영향도 크다. TV에서 좀 더 많은 여성 골프대회나 선수를 볼 수 있다면 큰 도움이 될 것이다.(이것은 한국과는 다르다)

• 여성 골퍼가 말하는 골프 발전 방법은?

학교에서 골프를 접할 수 있게 해야 한다. 응답자 중 스코틀랜드 에딘버러의 여성들은 널리 실시되고 있는 교내 골프 프로그램를 칭찬했다. 여성 골퍼는 6홀 라운드까지 포함해서 경기 시간이 짧아지는 것이 골프의 매력을 높일 것이라는 데 동의했다. 초보자를 위한 모임을 만들어 레슨 및 라운드를 함께하는 것도 권장되며, 골프장은 보다 친근한 모습으로 여성에게 다가갈 필요성이 있다. 쉽고 빠른 레슨법도 개발해야 한다. 여성을 포함해 빠르고 간편한 것을 선호하는 현대인에게 레슨과 연습에 끊임없는 투자를 요구하는 것은 무리다. 아이와 함께 골프를 경험할 수 있는 공간을 만들어야 한다. 이는 골프장의 친근한 인상에도 도움이 될 것이다. 기존 골프와 다른 형식의 골프를 만들어 더 쉽고 친근한 골프를 보여주는 길도 모색해야 한다.